UWE GLINKA / KURT MEIER

DAS FAMILIEN-SPARKOCHBUCH

GÜNSTIG UND AUSGEWOGEN ERNÄHREN NACH DEM REGELSATZ HARTZ IV

W0336632

vgs EGMONT

Originalausgabe
© 2010 VGS
verlegt durch EGMONT Verlagsgesellschaften mbH,
Gertrudenstraße 30–36, 50667 Köln
Alle Rechte vorbehalten.

1. Auflage
Redaktion: Susanne George
Produktion: Simone Nauerth
Umschlaggestaltung: Zero Werbeagentur, München
Foto Umschlagrückseite: © Kurt Meier
Layout und Satz: Angela May Grafikdesign & Buchgestaltung, Mettmann
Druck: Rasch Druckerei und Verlag, Bramsche
ISBN 978-3-8025-3700-4

www.vgs.de
www.diesparratgeber.de

INHALT

VORWORT DER AUTOREN

Wenn man nur wenig Geld hat, muss gespart werden. Daran führt kein Weg vorbei. Vor allem Familien mit Kindern wissen, wie schwer das Haushalten sein kann. Viele Leute, zum Beispiel Hartz-IV-Empfänger, haben uns erzählt, dass sie notgedrungen beim täglichen Essen Abstriche machen. Die Küche bleibt kalt, wenn das monatliche Budget schrumpft. Und manche kochen auch nur selten und kaufen lieber Fertiggerichte oder gar Fast Food. Das macht zwar satt, ist aber weder gesund noch schmeckt es besonders gut. Ehrlich gesagt hat uns diese allgegenwärtige Misere erschreckt. Und so entstand die Idee, Speisepläne zu machen, die mit günstigen Lebensmitteln eine ausgewogene Ernährung garantieren.

SELBST KOCHEN LAUTET DIE DEVISE! Die gute Nachricht: Das ist nicht schwer. Auch wir, alles andere als erfahrene Köche, haben jedes Gericht in diesem Buch ohne Probleme zubereitet – und es hat allen geschmeckt!

Nach unserem ersten Buch, dem „Sparkochbuch“, das inzwischen zu unserer Freude viele Leser und Köche gefunden hat, möchten wir nun Familien mit Kindern dabei helfen, auch mit einem geringen Einkommen gutes Essen auf den Tisch zu bringen. Aus Erfahrung wissen wir, dass Kinder nicht alles mögen. Innereien wie zum Beispiel Leber oder Nierchen kommen deshalb nicht auf den Teller! Dafür aber so manches Lieblingsgericht wie Nudelauflauf, Fischstäbchen „Käpt’n Blaubär“, die gute alte Buchstabensuppe oder eine selbst belegte Pizza (das macht übrigens viel mehr Spaß, als eine tiefgekühlte Fertigpizza in den Ofen zu schieben!). Diese Speisen sind, mit Gemüse und Milchprodukten zubereitet, vollwertige Mahlzeiten.

GRUNDLAGE DER SPEISEPLÄNE IST DER HARTZ-IV-REGELSATZ. Danach stehen einem Erwachsenen für Essen und Trinken pro Tag 4,43 € zur Verfügung, Kindern von 6–13 Jahren 3,10 € und Kindern von 14–17 Jahren 3,54 €. Das ergibt im Durchschnitt 15,50 € täglich für eine vierköpfige Familie. Um für diesen Betrag alles Notwendige in der Küche zu haben, muss man in Discountern einkaufen. Auf den Preisen, die dort für die Produkte verlangt werden, basieren unsere Berechnungen. Trotzdem sollte man auch Ausschau halten nach anderen Angeboten, zum Beispiel auf Wochenmärkten. Dort erhält man saisonale Produkte wie Äpfel oder Kohl des Öfteren zu genauso günstigen Preisen.

FAST ALLE SPEISEPLÄNE IN DIESEM BUCH ERGEBEN EINE SUMME, DIE UNTER DEM BETRAG VON 15,50 € LIEGT. Umso besser! In zwei Kapiteln haben wir preisgünstige Salate und Nachspeisen zusammengestellt, die man zusätzlich servieren kann. Zum Beispiel einen grünen Salat zu den Käsespätzle auf Seite 40. Oder eine „Rote Grütze" nach der Gemüsesuppe von Seite 67.

„Frühstück" und „Abendessen" in den Speisenplänen sind nur Vorschläge, die man nach Belieben ändern kann. Wichtig ist uns aber auch bei diesen Mahlzeiten, dass sie Nahrungsmittel enthalten, die Kinder für ihre körperliche Entwicklung brauchen und die sie gerne essen. Neben Milchprodukten sind dies Obst und Gemüse. Der von uns abgesteckte finanzielle Rahmen ermöglicht jederzeit, den Kindern zusätzlich z. B. einen Apfel, eine Möhre oder ein Glas Milch zu geben.

Danken möchten wir an dieser Stelle den vielen Köchinnen der Landfrauenvereine, die uns ihre bewährten Rezepte zur Verfügung gestellt haben. Ohne jeden Vorbehalt haben diese Frauen ihr wertvolles Wissen weitergegeben. Ihre Gerichte, zugleich nahr- und schmackhaft, rufen bei Erwachsenen wohlige Erinnerungen an die Kindheit hervor. Und die Kids heutzutage sind genauso begeistert!

Wir wünschen Ihnen und Ihren Kindern viele schöne gemeinsame Stunden am Tisch und natürlich guten Appetit!

Uwe Glinka und Kurt Meier

INFOS ZUM KOCHBUCH

- Die Speisepläne und Rezepte sind für 4 PERSONEN berechnet. Viele Gerichte reichen allerdings auch für mehr Personen. So können z. B. Freunde der Kinder problemlos mitessen oder man macht ein leckeres Resteessen.
- Günstige Ernährung setzt voraus, dass die Zutaten in Discountern gekauft werden. Stand der Preise in diesem Buch: Dezember 2009. Geringe Abweichungen sind möglich.
- Die Kosten bleiben bei vielen Speiseplänen unter dem Betrag, der nach dem Hartz-IV-Regelsatz für die tägliche Ernährung vorgesehen ist.
- Frühstück und Abendessen im täglichen Speiseplan variieren und können nach Wunsch ausgetauscht werden.
- Das Mittagessen als warme Speise kann natürlich auch am Abend zubereitet werden.
- Aufgeführt sind neben den Zutaten auch Getränke (z. B. 1,5 l Mineralwasser).
- Das Rezeptverzeichnis auf Seite 91 enthält auch Angaben, wie viele Kalorien ein Gericht pro Person enthält. Dabei sollte beachtet werden, dass die Portionen in der Regel großzügig bemessen sind.

VERWENDETE ABKÜRZUNGEN UND BEGRIFFE:

GETR. = GETROCKNET
GESCH. = GESCHÄLT
TK = TIEFKÜHLKOST
EL = ESSLÖFFEL
TL = TEELÖFFEL

Gerichte mit Fleisch

Frühstück

Menge	Zutaten	Preis
8 Scheiben	Graubrot	0,52 €
80 g	Butter	0,28 €
100 g	Marmelade	0,20 €
4 Scheiben	Käse	0,64 €
4 Becher	Joghurt	0,76 €
2 Tassen	Kakao	0,37 €
4 Tassen	Tee/Kaffee	0,40 €
	Summe	**3,17 €**

Mittagessen

Gerolsteiner Hähnchenbrust-Gratin

Menge	Zutaten	Preis
600 g	Hähnchenbrust	2,99 €
1 Prise	Salz	0,05 €
1 Prise	Pfeffer	0,05 €
1TL	Paprikapulver	0,05 €
5 EL	Mehl	0,03 €
100 g	Butter	0,35 €
300 g	Champignons	0,45 €
50 g	Aprikosenmarmelade	0,10 €
300 g	Crème fraîche	0,89 €
40 g	Paniermehl	0,03 €
250 g	Reis	0,25 €
2 l	Mineralwasser	0,25 €
	Summe	**5,49 €**

Zubereitung

Das Fleisch waschen, trocken tupfen, würzen und im Mehl wenden. In etwas heißer Butter von jeder Seite ca. 4 Minuten braten. In eine Auflaufform legen und warm stellen. Champignons in Scheiben schneiden, in den Bratensatz geben und andünsten. Aprikosenmarmelade und Crème fraîche unterrühren, kurz aufkochen lassen und mit etwas Salz und Pfeffer abschmecken. Über das Fleisch geben, mit Paniermehl bestreuen und Butterflöckchen daraufsetzen. Im Backofen bei 200–225 Grad 8 Minuten überbacken. Dazu gekochten Reis servieren.

Abendessen

Menge	Zutaten	Preis
8 Stück	Brötchen	1,36 €
80 g	Margarine	0,14 €
4 Scheiben	Kochschinken	0,66 €
200 g	Frischkäse	0,66 €
4 Stück	Äpfel	1,20 €
8 Tassen	Tee	0,80 €
	Summe	**4,82 €**

Gesamtsumme

13,48 €

Frühstück

Menge	Zutaten	Preis
6 Stück	Brötchen	1,02 €
60 g	Butter	0,21 €
50 g	Honig	0,23 €
4 Scheiben	Kochschinken	0,66 €
200 g	Cornflakes	0,25 €
375 ml	Milch	0,26 €
2 Tassen	Kakao	0,37 €
4 Tassen	Tee/Kaffee	0,40 €
	Summe	**3,40 €**

Mittagessen

Bäuerliche Krautpfanne mit Fleischwurst

Menge	Zutaten	Preis
100 g	durchwachsener Speck	0,43 €
150 g	Zwiebeln	0,07 €
2 EL	Zucker	0,02 €
500 g	Fleischwurst	1,59 €
850 g	Sauerkraut	0,49 €
200 g	Sahne	0,35 €
1 Prise	Salz	0,05 €
1 Prise	Pfeffer	0,05 €
1 Bund	Petersilie	0,59 €
600 g	Kartoffeln	0,29 €
2 l	Mineralwasser	0,25 €
	Summe	**4,18 €**

Zubereitung

Speck und geschälte Zwiebeln würfeln. Speck in eine heiße Pfanne geben, Zucker darüberstreuen und anbräunen. Die Zwiebelwürfel hinzufügen und alles dünsten. Fleischwurst in Würfel schneiden und mit dem Sauerkraut dazugeben. 40 Minuten in der Pfanne garen. Zum Schluss die Sahne angießen. (Falls nötig, mit Speisestärke andicken.) Mit Salz und Pfeffer abschmecken. Mit gehackter Petersilie garnieren. Dazu Salzkartoffeln reichen.

Abendessen

Menge	Zutaten	Preis
8 Scheiben	Graubrot	0,52 €
80 g	Margarine	0,14 €
4 Scheiben	Käse	0,64 €
400 g	Heringssalat	0,94 €
4 Becher	Pudding	0,76 €
4 Stück	Birnen	0,80 €
8 Tassen	Tee	0,80 €
	Summe	**4,60 €**

Gesamtsumme

12,18 €

Frühstück

Menge	Zutaten	Preis
4 Stück	Brötchen	0,68 €
40 g	Butter	0,14 €
4 Scheiben	Kochschinken	0,66 €
200 g	Müsli	0,25 €
375 ml	Milch	0,26 €
2 Tassen	Kakao	0,37 €
4 Tassen	Tee/Kaffee	0,40 €
	Summe	**2,76 €**

Mittagessen

Döberitzer gefüllte Paprika

Menge	Zutaten	Preis
600 g	Paprika rot	1,19 €
250 g	Porree	0,50 €
500 g	Tomaten	0,45 €
5 EL	Speiseöl	0,25 €
400 g	gemischtes Hackfleisch	1,35 €
100 g	Tomatenmark	0,28 €
200 g	Fetakäse	1,85 €
1 Prise	Salz	0,05 €
1 Prise	Pfeffer	0,05 €
1 TL	Brühe (Instant)	0,03 €
100 g	Sahne	0,18 €
2 EL	Mehl	0,01 €
1 EL	Zucker	0,01 €
1 TL	Oregano	0,15 €
400 g	Reis	0,39 €
2 l	Mineralwasser	0,25 €
	Summe	**6,99 €**

Zubereitung

Paprikaschoten waschen, Deckel abschneiden und Kerne entfernen. Porree putzen und fein würfeln. Tomaten waschen. 3 Tomaten halbieren, entkernen und würfeln. Etwas Öl in einer Pfanne erhitzen und die Hälfte der Porreewürfel andünsten. Hackfleisch dazugeben und anbraten. Die Tomatenwürfel und 2 EL Tomatenmark unterrühren. Fetakäse würfeln und dazugeben. Salzen und pfeffern. Die Masse in die Paprika füllen. Übrige Tomaten würfeln. Öl in einem großen Topf erhitzen, restliche Porreewürfel darin anschwitzen. Die Paprikaschoten daraufsetzen und die Tomatenwürfel danebengeben. Instantbrühe in 300 ml kochendes Wasser rühren. Brühe in den Topf gießen. 50 Minuten bei geringer Hitze zugedeckt garen. Die Paprika aus dem Topf nehmen und warm stellen. Dann die Garflüssigkeit pürieren, 2 EL Tomatenmark unterziehen und zum Kochen bringen. Sahne und Mehl zum Binden langsam einrühren. Mit Salz, Pfeffer, Zucker und Oregano abschmecken. Dazu Reis servieren.

Abendessen

Menge	Zutaten	Preis
8 Scheiben	Graubrot	0,52 €
80 g	Margarine	0,14 €
8 Scheiben	Käse	1,28 €
4 Stück	Tomaten	0,30 €
4 Stück	Äpfel	1,20 €
8 Tassen	Tee	0,80 €
	Summe	**4,24 €**

Gesamtsumme

13,99 €

Frühstück

Menge	**Zutaten**	**Preis**
8 Scheiben	Graubrot	0,52 €
80 g	Butter	0,28 €
100 g	Marmelade	0,20 €
4 Scheiben	Puten-Aufschnitt	0,66 €
200 g	Frischkäse	0,66 €
2 Tassen	Kakao	0,37 €
4 Tassen	Tee/Kaffee	0,40 €
	Summe	**3,09 €**

Mittagessen

Geseker Zwiebelrostbraten mit Rotkohl

Menge	**Zutaten**	**Preis**
750 g	Rinderbraten	5,24 €
1 Prise	Pfeffer	0,05 €
1 Prise	Salz	0,05 €
200 g	Senf	0,36 €
100 g	fetter Speck	0,30 €
400 g	Zwiebeln	0,18 €
100 g	Sahne	0,18 €
800 g	Kartoffeln	0,38 €
850 g	Rotkohl	0,49 €
2 l	Mineralwasser	0,25 €
	Summe	**7,48 €**

Zubereitung

Das Fleisch mit Pfeffer und Salz würzen und kräftig mit Senf bestreichen. In ausgelassenem Speck von beiden Seiten anbraten. Zwiebeln schälen, in Ringe schneiden und hinzugeben. Den Braten zugedeckt ca. 1 ½ Stunden schmoren lassen. Bei Bedarf etwas Wasser angießen. Zuletzt die Soße mit Sahne andicken und abschmecken. Dazu Salzkartoffeln und Rotkohl servieren.

Abendessen

Menge	**Zutaten**	**Preis**
4 Scheiben	Schwarzbrot	0,26 €
4 Stück	Brötchen	0,68 €
80 g	Margarine	0,14 €
4 Scheiben	Käse	0,64 €
4 Scheiben	Kassler-Aufschnitt	0,86 €
1 Bund	Radieschen	0,49 €
8 Tassen	Früchtetee	0,80 €
	Summe	**3,87 €**

Gesamtsumme

14,44 €

Frühstück

Menge	Zutaten	Preis
8 Stück	Brötchen	1,36 €
80 g	Butter	0,28 €
100 g	Honig	0,46 €
4 Scheiben	Lachsschinken	0,48 €
4 Stück	Eier	0,52 €
2 Tassen	Kakao	0,37 €
4 Tassen	Tee/Kaffee	0,40 €
	Summe	**3,87 €**

Mittagessen

Puten-Nudel-Pfanne „Westfalia“

Menge	Zutaten	Preis
400 g	Putenfleisch	2,40 €
3 EL	Speiseöl	0,15 €
125 ml	Sojasoße	1,48 €
1 TL	Brühe (Instant)	0,02 €
250 g	Porree	0,50 €
300 g	Champignons	0,45 €
300 g	Möhren	0,18 €
100 g	Zwiebeln	0,05 €
500 g	Spaghetti	0,49 €
1 Prise	Salz	0,05 €
1 Prise	Pfeffer	0,05 €
½ TL	getr. Basilikum	0,04 €
1 Bund	Petersilie	0,59 €
2 l	Mineralwasser	0,25 €
	Summe	**6,70 €**

Zubereitung

Putenfleisch in kleine Stücke schneiden und in einer großen Pfanne mit Öl und etwas Sojasoße anbraten. Mit etwas Wasser ablöschen und Instantbrühe einrühren. Porree und Champignons putzen. Möhren und Zwiebeln schälen. Alles klein schneiden und in die Pfanne geben. Spaghetti getrennt kochen, abgießen und mit in die Pfanne geben. Mit Salz, Pfeffer und Basilikum würzen. Zum Schluss noch einen ordentlichen Schuss Sojasoße dazugeben. Mit gehackter Petersilie garnieren.

Abendessen

Menge	Zutaten	Preis
8 Scheiben	Graubrot	0,52 €
80 g	Margarine	0,14 €
4 Scheiben	Käse	0,64 €
400 g	Heringssalat	0,94 €
4 Stück	Gewürzgurken	0,22 €
8 Tassen	Früchtetee	0,80 €
	Summe	**3,26 €**

Gesamtsumme

13,83 €

Frühstück

Menge	Zutaten	Preis
4 Scheiben	Graubrot	0,26 €
40 g	Butter	0,14 €
50 g	Marmelade	0,10 €
200 g	Müsli	0,25 €
¾ l	Milch	0,52 €
4 Scheiben	Lachsschinken	0,48 €
4 Stück	Orangen	1,16 €
2 Tassen	Kakao	0,37 €
4 Tassen	Tee/Kaffee	0,40 €
	Summe	**3,68 €**

Mittagessen

Hackfleischpizza „Venezia"

Menge	Zutaten	Preis
400 g	Pizzateig (Kühlregal)	1,39 €
50 g	Butter	0,17 €
100 g	Zwiebeln	0,05 €
400 g	gemischtes Hackfleisch	1,35 €
250 g	Paprika rot	0,50 €
1 Prise	Salz	0,05 €
1 Prise	Pfeffer	0,05 €
1 TL	Paprikapulver	0,05 €
225 ml	Ketchup	0,28 €
400 g	Gouda am Stück	2,20 €
2 l	Mineralwasser	0,25 €
	Summe	**6,34 €**

Zubereitung

Den Pizzateig auf einem gefetteten Backblech ausrollen. Zwiebeln schälen und hacken. Zusammen mit dem Hackfleisch in einer Pfanne kräftig anbraten. Paprikaschoten putzen, klein schneiden und kurz mitdünsten. Mit Salz, Pfeffer, Paprikapulver und Ketchup nach Geschmack würzen. Auf dem Pizzateig verteilen. Den Gouda reiben und darüberstreuen. Im vorgeheizten Backofen bei 175 Grad auf der mittleren Schiene ca. 20–30 Minuten backen.

Abendessen

Menge	Zutaten	Preis
4 Scheiben	Schwarzbrot	0,26 €
2 Stück	Brötchen	0,34 €
80 g	Margarine	0,14 €
12 Scheiben	Truthahn-Aufschnitt	0,84 €
4 Stück	Spiegeleier	0,52 €
2 l	Mineralwasser	0,25 €
	Summe	**2,35 €**

Gesamtsumme

12,37 €

Frühstück

Menge	Zutaten	Preis
8 Stück	Brötchen	1,36 €
80 g	Butter	0,28 €
100 g	Marmelade	0,20 €
4 Scheiben	Käse	0,64 €
4 Scheiben	Kochschinken	0,66 €
4 Becher	Joghurt	0,76 €
2 Tassen	Kakao	0,37 €
4 Tassen	Tee/Kaffee	0,40 €
4 Glas	Saft	0,60 €
	Summe	**5,27 €**

Mittagessen

Knuspriges Hähnchen mit Pommes frites

Menge	Zutaten	Preis
600 g	Hähnchenbrust	2,99 €
1 Prise	Salz	0,05 €
1 Prise	Pfeffer	0,05 €
50 g	Honig	0,30 €
5 EL	Apfelsaft	0,04 €
5 EL	Speiseöl	0,25 €
150 g	Cornflakes	0,23 €
600 g	Pommes frites (TK)	0,53 €
2 l	Mineralwasser	0,25 €
	Summe	**4,69 €**

Zubereitung

Hähnchenbrust in ca. 2 cm breite Streifen schneiden und mit Salz und Pfeffer würzen. Honig, Apfelsaft und Öl verrühren. Fleisch ca. 1 Stunde in der Marinade einlegen. Die Cornflakes zerbröseln. Hähnchenstücke aus der Marinade nehmen und in den Cornflakes-Bröseln wenden. Ein Backblech mit Backpapier auslegen und die Hähnchenstreifen darauf verteilen. Im vorgeheizten Backofen bei 200 Grad ca. 15–20 Minuten backen. Die Pommes frites auf einem zweiten Backblech goldbraun backen. Mit den fertigen Hähnchenstreifen servieren.

Abendessen

Menge	Zutaten	Preis
8 Scheiben	Graubrot	0,26 €
80 g	Margarine	0,14 €
4 Scheiben	Kassler-Aufschnitt	0,86 €
200 g	Frischkäse	0,66 €
1 Stück	Salatgurke	0,49 €
4 Glas	Apfelschorle	0,13 €
4 Tassen	Tee	0,40 €
	Summe	**2,94 €**

Gesamtsumme

12,90 €

Frühstück

Menge	Zutaten	Preis
8 Scheiben	Toastbrot	0,18 €
80 g	Butter	0,28 €
50 g	Nussnougatcreme	0,13 €
4 Scheiben	Käse	0,64 €
4 Stück	Birnen	0,80 €
2 Tassen	Kakao	0,37 €
4 Tassen	Tee/Kaffee	0,40 €
	Summe	**2,80 €**

Mittagessen

Deftiger Kartoffel-Ofenkuchen

Menge	Zutaten	Preis
1 kg	Kartoffeln	0,48 €
1 Stück	Brötchen	0,17 €
150 g	Zwiebeln	0,07 €
4 Stück	Mettwürstchen (300 g)	1,59 €
1 Bund	Petersilie	0,59 €
3 Stück	Eier	0,38 €
1 Prise	Salz	0,05 €
½ TL	Muskat	0,05 €
150 g	durchwachsener Speck	0,65 €
3 EL	Speiseöl	0,15 €
2 l	Mineralwasser	0,25 €
	Summe	**4,43 €**

Zubereitung

Kartoffeln schälen, reiben und in einem Sieb abtropfen lassen. Das Brötchen in Wasser einweichen. Zwiebeln schälen und würfeln. Mettwürstchen in Scheiben schneiden. Petersilie hacken. Eier, Zwiebelwürfel, Mettwürstchen, Petersilie und das ausgedrückte Brötchen unter die Kartoffelmasse mischen. Mit Salz und Muskat würzen. Speck würfeln und in einem Bräter im Öl glasig werden lassen. Die Kartoffelmasse dazugeben. Im auf 200 Grad vorgeheizten Ofen ca. 1 ½ Stunden backen. Während der Backzeit kleine Löcher in die Kartoffelmasse drücken und den entstandenen dünnen Ölfilm vorsichtig über den Teig verteilen.

Abendessen

Menge	Zutaten	Preis
4 Scheiben	Vollkornbrot	0,26 €
4 Scheiben	Graubrot	0,26 €
80 g	Margarine	0,14 €
200 g	Quark sort.	0,43 €
4 Scheiben	Kassler-Aufschnitt	0,86 €
4 Stück	Bananen	0,86 €
8 Tassen	Früchtetee	0,80 €
	Summe	**3,61 €**

Gesamtsumme

10,84 €

Frühstück

Menge	Zutaten	Preis
8 Stück	Brötchen	1,36 €
80 g	Butter	0,28 €
100 g	Marmelade	0,20 €
4 Scheiben	Käse	0,64 €
4 Becher	Joghurt	0,76 €
4 Stück	Äpfel	1,20 €
2 Tassen	Kakao	0,37 €
4 Tassen	Tee/Kaffee	0,40 €
	Summe	**5,21 €**

Mittagessen

Hackfleisch-Brokkoli-Auflauf

Menge	Zutaten	Preis
1 kg	Brokkoli (TK)	1,59 €
1 TL	Salz	0,05 €
150 g	Zwiebeln	0,07 €
4 EL	Speiseöl	0,20 €
600 g	gemischtes Hackfleisch	2,03 €
2 TL	Brühe (Instant)	0,04 €
1 Bund	Schnittlauch	0,88 €
50 g	Soßenbinder	0,30 €
1 Prise	Pfeffer	0,05 €
200 g	geriebener Edamer	1,19 €
2 l	Mineralwasser	0,25 €
	Summe	**6,65 €**

Zubereitung

Brokkoli in Salzwasser aufkochen und vom Herd nehmen, im heißen Wasser stehen lassen. Zwiebeln schälen, fein hacken und in einer Pfanne im Öl glasig schwitzen. Hackfleisch zugeben und unter Rühren anbraten. Instantbrühe in 300 ml kochendem Wasser auflösen. Mit Schnittlauchröllchen zum Fleisch geben, alles aufkochen lassen und mit Soßenbinder zur gewünschten Konsistenz bringen. Mit Salz und Pfeffer abschmecken. Brokkoli gut abtropfen lassen. Hackfleisch in eine Auflaufform geben, Brokkoli darauf verteilen und alles mit Käse bestreuen. Im Ofen bei 200 Grad ca. 10 Minuten überbacken und sofort servieren.

Abendessen

Menge	Zutaten	Preis
8 Scheiben	Graubrot	0,64 €
80 g	Margarine	0,14 €
200 g	Frischkäse	0,66 €
400 g	Fleischsalat	0,94 €
1 Stück	Salatgurke	0,49 €
4 Glas	Apfelschorle	0,13 €
4 Tassen	Tee	0,40 €
	Summe	**3,40 €**

Gesamtsumme

15,26 €

Frühstück

Menge	Zutaten	Preis
4 Stück	Brötchen	0,68 €
80 g	Butter	0,28 €
100 g	Honig	0,46 €
4 Scheiben	Käse	0,64 €
¾ l	Milch	0,52 €
200 g	Müsli	0,25 €
2 Tassen	Kakao	0,37 €
4 Tassen	Tee/Kaffee	0,40 €
	Summe	**3,60 €**

Mittagessen

Französisches Hähnchen „La Rochelle“

Menge	Zutaten	Preis
1 Stück	Hähnchen (1300 g)	2,59 €
1 Prise	Salz	0,05 €
1 Prise	Pfeffer	0,05 €
3 EL	Mehl	0,02 €
15 g	Schweineschmalz	0,03 €
200 g	Tomaten	0,18 €
200 g	Paprika grün	0,40 €
200 g	Paprika rot	0,40 €
150 g	Champignons	0,23 €
100 g	Kochschinken	0,75 €
1 ½ TL	Brühe (Instant)	0,03 €
600 g	Pommes frites (TK)	0,53 €
2 l	Mineralwasser	0,25 €
	Summe	**5,51 €**

Zubereitung

Hähnchen in Stücke teilen, mit Salz und Pfeffer einreiben und danach im Mehl wenden. Schmalz erhitzen und die Hähnchenstücke darin kräftig anbraten. Tomaten mit heißem Wasser kurz überbrühen, enthäuten, zerteilen, entkernen und zum Geflügel geben. Paprika putzen, in Stücke schneiden, Champignons vierteln, Schinken in Streifen schneiden. Alles zum Geflügel geben und kurz anbraten. Etwas Brühe dazugeben und mit Salz und Pfeffer abschmecken. Im geschlossenen Topf 30–60 Minuten schmoren lassen. Dazu Pommes frites servieren.

Abendessen

Menge	Zutaten	Preis
8 Scheiben	Graubrot	0,52 €
80 g	Margarine	0,14 €
4 Scheiben	Kassler-Aufschnitt	0,86 €
4 Stück	Rühreier	0,52 €
4 Stück	Tomaten	0,30 €
8 Tassen	Früchtetee	0,80 €
	Summe	**3,14 €**

Gesamtsumme

12,25 €

Frühstück

Menge	Zutaten	Preis
8 Scheiben	Toastbrot	0,18 €
80 g	Butter	0,28 €
50 g	Marmelade	0,10 €
50 g	Nussnougatcreme	0,13 €
4 Scheiben	Puten-Aufschnitt	0,66 €
4 Stück	Orangen	1,16 €
2 Tassen	Kakao	0,37 €
4 Tassen	Tee/Kaffee	0,40 €
	Summe	**3,28 €**

Mittagessen

Schnippelbohnen mit Kartoffeln

Menge	Zutaten	Preis
300 g	grüne Bohnen (TK)	0,59 €
1 TL	Salz	0,05 €
50 g	durchwachsener Speck	0,22 €
100 g	Zwiebeln	0,05 €
5 EL	Mehl	0,03 €
1 TL	Brühe (Instant)	0,02 €
5 EL	Essig	0,02 €
1 Prise	Pfeffer	0,05 €
2 ½ EL	Zucker	0,02 €
1 Bund	Petersilie	0,59 €
800 g	Kartoffeln	0,38 €
2 l	Mineralwasser	0,25 €
	Summe	**2,27 €**

Zubereitung

Bohnen in Salzwasser etwa 15 Minuten garen. In der Zwischenzeit den fein gewürfelten Speck in einem Topf auslassen. Zwiebeln würfeln, zufügen und glasig dünsten. Die Speck-Zwiebel-Mischung herausnehmen, Mehl in den Topf geben, unter ständigem Rühren anschwitzen und mit Brühe ablöschen. Dabei immer weiterrühren, kurz aufkochen lassen und die Speck-Zwiebeln wieder hinzufügen. Das Ganze etwa 10 Minuten köcheln lassen. Mit Essig, Salz, Pfeffer und Zucker abschmecken und die Bohnen vorsichtig unterheben. Mit gehackter Petersilie garnieren. Dazu Salzkartoffeln reichen.

Abendessen

Menge	Zutaten	Preis
8 Scheiben	Graubrot	0,52 €
80 g	Margarine	0,14 €
200 g	Frischkäse	0,66 €
100 g	Thüringer Mett	0,49 €
1 Bund	Radieschen	0,49 €
2 l	Mineralwasser	0,25 €
	Summe	**2,55 €**

Gesamtsumme

8,10 €

Frühstück

Menge	Zutaten	Preis
8 Stück	Brötchen	1,36 €
80 g	Butter	0,28 €
100 g	Honig	0,46 €
4 Scheiben	Käse	0,64 €
4 Stück	Eier	0,52 €
4 Stück	Äpfel	1,20 €
2 Tassen	Kakao	0,37 €
4 Tassen	Tee/Kaffee	0,40 €
	Summe	**5,23 €**

Mittagessen

Spaghetti „Catanzaro“

Menge	Zutaten	Preis
500 g	Spaghetti	0,49 €
200 g	Kochschinken	1,49 €
3 EL	Olivenöl	0,15 €
1 Prise	Chilipfeffer	0,08 €
1 Dose	gesch. Tomaten (850 g)	0,55 €
1 Prise	Salz	0,05 €
½ TL	getr. Basilikum	0,04 €
1 Tüte	ger. Parmesan (56 g)	1,19 €
2 l	Mineralwasser	0,25 €
	Summe	**4,29 €**

Zubereitung

Während die Spaghetti kochen, Kochschinken würfeln und in einer Pfanne in Öl bräunen. Mit etwas Chilipfeffer würzen. Die Tomaten zerdrücken, in die Pfanne geben und kurz köcheln lassen. Mit Salz und Basilikum würzen. Die Hälfte der Soße in eine Schüssel füllen und die abgetropften Spaghetti darübergeben. Dann folgen die restliche Soße und der Parmesan. Alles gut vermengen und servieren.

Abendessen

Menge	Zutaten	Preis
8 Scheiben	Graubrot	0,52 €
80 g	Margarine	0,14 €
4 Scheiben	Kassler-Aufschnitt	0,86 €
4 Scheiben	Käse	0,64 €
1 Stück	Salatgurke	0,49 €
4 Stück	Pudding	0,76 €
4 Tassen	Früchtetee	0,40 €
2 l	Mineralwasser	0,25 €
	Summe	**4,06 €**

Gesamtsumme

13,58 €

Frühstück

Menge	Zutaten	Preis
8 Scheiben	Toastbrot	0,18 €
80 g	Butter	0,28 €
50 g	Nussnougatcreme	0,13 €
50 g	Honig	0,23 €
4 Scheiben	Lachsschinken	0,48 €
4 Becher	Joghurt	0,76 €
2 Tassen	Kakao	0,37 €
4 Tassen	Tee/Kaffee	0,40 €
	Summe	**2,83 €**

Mittagessen

Afrikanischer Hühnertopf mit Reis

Menge	Zutaten	Preis
1 Stück	Hähnchen (1300 g)	2,59 €
1 ½ TL	Brühe (Instant)	0,03 €
1 Dose	gesch. Tomaten (850 g)	0,55 €
150 g	Erdnussbutter	0,90 €
1 Prise	Salz	0,05 €
1 Prise	Pfeffer	0,05 €
1 TL	Rosmarin	0,12 €
200 g	Zucchini	0,24 €
500 g	Reis	0,49 €
2 l	Mineralwasser	0,25 €
	Summe	**5,27 €**

Zubereitung

Das Hähnchen zerteilen. Die Stücke abspülen und in einen breiten Topf legen. Brühe angießen und langsam zum Kochen bringen. Tomaten unzerteilt zum Fleisch geben. Zugedeckt bei geringer Hitze ca. 30 Minuten köcheln lassen. Dann die Erdnussbutter einrühren. Mit Salz, Pfeffer und Rosmarin abschmecken. Zucchini putzen, waschen und in kleine Würfel schneiden. Dazugeben, weitere 10 Minuten garen und noch einmal abschmecken. Dazu gekochten Reis servieren.

Abendessen

Menge	Zutaten	Preis
4 Scheiben	Vollkornbrot	0,26 €
4 Scheiben	Graubrot	0,26 €
80 g	Margarine	0,14 €
4 Scheiben	Käse	0,64 €
400 g	Fleischsalat	0,94 €
4 Stück	Tomaten	0,30 €
4 Glas	Saft	0,60 €
2 l	Mineralwasser	0,25 €
	Summe	**3,39 €**

Gesamtsumme

11,49 €

Frühstück

Menge	Zutaten	Preis
8 Scheiben	Graubrot	0,52 €
80 g	Butter	0,28 €
100 g	Marmelade	0,20 €
4 Scheiben	Käse	0,64 €
4 Becher	Joghurt	0,76 €
2 Tassen	Kakao	0,37 €
4 Tassen	Tee/Kaffee	0,40 €
	Summe	**3,17 €**

Mittagessen

Hamburger Rundstück warm

Menge	Zutaten	Preis
600 g	Schweineschnitzel	2,99 €
1 Prise	Salz	0,05 €
1 Prise	Pfeffer	0,05 €
1 TL	Paprikapulver	0,05 €
50 g	Senf	0,09 €
80 g	Butter	0,28 €
150 g	Möhren	0,09 €
100 g	Zwiebeln	0,05 €
2 Stück	Knoblauchzehen	0,14 €
250 g	Porree	0,50 €
1 TL	Brühe (Instant)	0,02 €
5 EL	Mehl	0,03 €
4 Stück	Brötchen	0,68 €
2 l	Mineralwasser	0,25 €
	Summe	**5,27 €**

Zubereitung

Das Fleisch mit Salz, Pfeffer und Paprikapulver würzen und mit Senf einreiben. In einem Topf die Butter erhitzen und das Fleisch von allen Seiten kräftig anbraten. Möhren, Zwiebeln und Knoblauch schälen. Porree putzen. Alles fein gewürfelt dazugeben und anrösten. Mit Brühe ablöschen. Bei geringer Hitze ca. 40 Minuten schmoren, dabei gelegentlich umrühren. Etwas Wasser mit Mehl verrühren und die Soße damit binden. Brötchen aufschneiden, die Hälften mit je einem Schnitzel belegen und gut mit Soße bedecken.

Abendessen

Menge	Zutaten	Preis
8 Stück	Brötchen	1,36 €
80 g	Margarine	0,14 €
4 Scheiben	Kochschinken	0,66 €
200 g	Frischkäse	0,66 €
4 Stück	Äpfel	1,20 €
8 Tassen	Tee	0,80 €
	Summe	**4,82 €**

Gesamtsumme

13,26 €

Frühstück

Menge	Zutaten	Preis
6 Stück	Brötchen	1,02 €
60 g	Butter	0,21 €
50 g	Honig	0,23 €
4 Scheiben	Kochschinken	0,66 €
200 g	Cornflakes	0,25 €
375 ml	Milch	0,26 €
2 Tassen	Kakao	0,37 €
4 Tassen	Tee/Kaffee	0,40 €
	Summe	**3,40 €**

Mittagessen

Rottacher Bauerntopf mit Geschnetzeltem

Menge	Zutaten	Preis
600 g	Kartoffeln	0,29 €
200 g	Paprika rot	0,40 €
600 g	Schweineschnitzel	2,99 €
3 EL	Speiseöl	0,15 €
1 Prise	Salz	0,05 €
1 Prise	Pfeffer	0,05 €
½ TL	Muskat	0,05 €
1 TL	Paprikapulver	0,05 €
2 EL	Tomatenmark	0,06 €
2 l	Mineralwasser	0,25 €
	Summe	**4,34 €**

Zubereitung

Kartoffeln schälen und in Würfel schneiden. Die Paprika putzen und in Stücke schneiden. Das Fleisch in Streifen schneiden und in heißem Öl anbraten. Kartoffelwürfel und Paprikastücke hinzufügen und kurz mitbraten. Mit Salz, Pfeffer und Paprikapulver würzen. Etwas Wasser zugießen und Tomatenmark einrühren. Bei geringer Hitze ca. 30 Minuten zugedeckt garen. Dabei gelegentlich umrühren.

Abendessen

Menge	Zutaten	Preis
8 Scheiben	Graubrot	0,52 €
80 g	Margarine	0,14 €
4 Scheiben	Käse	0,64 €
400 g	Heringssalat	0,94 €
4 Becher	Pudding	0,76 €
4 Stück	Birnen	0,80 €
8 Tassen	Tee	0,80 €
	Summe	**4,60 €**

Gesamtsumme

12,34 €

Frühstück

Menge	Zutaten	Preis
4 Stück	Brötchen	0,68 €
40 g	Butter	0,14 €
4 Scheiben	Kochschinken	0,66 €
200 g	Müsli	0,25 €
375 ml	Milch	0,26 €
2 Tassen	Kakao	0,37 €
4 Tassen	Tee/Kaffee	0,40 €
	Summe	**2,76 €**

Mittagessen

Königsberger Klopse nach Landfrauenart

Menge	Zutaten	Preis
500 g	Hackfleisch vom Rind	2,00 €
200 g	Zwiebeln	0,09 €
2 Stück	Eier	0,26 €
1 Bund	Petersilie	0,59 €
1 TL	Salz	0,10 €
1 Prise	Pfeffer	0,05 €
50 g	Senf	0,09 €
100 g	Paniermehl	0,08 €
6 TL	Brühe (Instant)	0,13 €
50 g	Butter	0,18 €
100 g	Mehl	0,05 €
100 ml	saure Sahne	0,15 €
800 g	Kartoffeln	0,38 €
2 l	Mineralwasser	0,25 €
	Summe	**4,40 €**

Zubereitung

Hackfleisch in eine Schüssel geben. Zwiebeln schälen, fein würfeln. Mit 1 Ei, gehackter Petersilie, etwas Salz, Pfeffer, Senf und Paniermehl zum Hackfleisch geben und zu einer glatten Masse verarbeiten. Daraus 5–6 cm große Klöße formen. 1 ½ Liter Wasser aufkochen, Instantbrühe und ½ TL Salz zugeben. Klöße in der leicht sprudelnden Brühe garen. Wenn sie oben schwimmen, noch ca. 5 Minuten ziehen lassen, abschöpfen und in ein Sieb geben. In einem zweiten Topf Butter anbräunen, Mehl einrühren und von der Herdplatte nehmen. Ca. ¾ Liter der Brühe mit dem Schneebesen unterschlagen. Saure Sahne zugeben und Eigelb vom zweiten Ei (mit 1 EL Milch verrührt) schnell einrühren. Nochmals abschmecken und Klöße hineingeben. Dazu Salzkartoffeln reichen.

Abendessen

Menge	Zutaten	Preis
8 Scheiben	Graubrot	0,52 €
80 g	Margarine	0,14 €
8 Scheiben	Käse	1,28 €
4 Stück	Tomaten	0,30 €
4 Stück	Äpfel	1,20 €
8 Tassen	Tee	0,80 €
	Summe	**4,24 €**

Gesamtsumme
11,40 €

Frühstück

Menge	Zutaten	Preis
8 Scheiben	Graubrot	0,52 €
80 g	Butter	0,28 €
100 g	Marmelade	0,20 €
4 Scheiben	Puten-Aufschnitt	0,66 €
200 g	Frischkäse	0,66 €
2 Tassen	Kakao	0,37 €
4 Tassen	Tee/Kaffee	0,40 €
	Summe	**3,09 €**

Mittagessen

Chicken Wings auf Westernreis

Menge	Zutaten	Preis
100 g	Zwiebeln	0,05 €
2 Stück	Knoblauchzehen	0,14 €
200 g	Paprika rot	0,40 €
5 EL	Speiseöl	0,25 €
200 g	Reis	0,20 €
1 Prise	Salz	0,05 €
1 Prise	Pfeffer	0,05 €
1 TL	Paprikapulver	0,05 €
1 ½ TL	Brühe (Instant)	0,03 €
1 Dose	Mais (225 g)	0,30 €
600 g	Chicken Wings (TK)	1,99 €
1 Bund	Petersilie	0,59 €
1 Stück	Zitrone	0,25 €
2 l	Mineralwasser	0,25 €
	Summe	**4,60 €**

Zubereitung

Die Zwiebeln und Knoblauch schälen und würfeln. Paprika waschen, entkernen und ebenfalls würfeln. Öl in einer beschichteten Pfanne erhitzen. Gemüse mit dem Reis glasig dünsten und mit Salz, Pfeffer und Paprikapulver würzen. Ca. 300 ml heiße Brühe zugießen. Den Mais untermengen und alles auf ein tiefes Backblech geben. Im Ofen bei 200 Grad ca. 30–35 Minuten garen. Nach 10 Minuten die Chicken Wings auf den Reis setzen und mitgaren. Auf Tellern verteilen, mit gehackter Petersilie bestreuen und mit Zitronenschnitzen garnieren.

Abendessen

Menge	Zutaten	Preis
4 Scheiben	Schwarzbrot	0,26 €
2 Stück	Brötchen	0,34 €
80 g	Margarine	0,14 €
12 Scheiben	Truthahn-Aufschnitt	0,84 €
4 Stück	Spiegeleier	0,52 €
2 l	Mineralwasser	0,25 €
	Summe	**2,35 €**

Gesamtsumme

10,04 €

Frühstück

Menge	Zutaten	Preis
8 Stück	Brötchen	1,36 €
80 g	Butter	0,28 €
100 g	Honig	0,46 €
4 Scheiben	Lachsschinken	0,48 €
4 Stück	Eier	0,52 €
2 Tassen	Kakao	0,37 €
4 Tassen	Tee/Kaffee	0,40 €
	Summe	**3,87 €**

Mittagessen

Altenburger Krautwickel

Menge	Zutaten	Preis
1200 g	Weißkohl	1,19 €
1 TL	Salz	0,10 €
2 Stück	Brötchen	0,34 €
100 g	Zwiebeln	0,05 €
1 Stück	Ei	0,13 €
500 g	gemischtes Hackfleisch	1,69 €
½ TL	Thymian	0,05 €
1 Prise	Pfeffer	0,05 €
50 g	Butter	0,17 €
4 TL	Brühe (Instant)	0,08 €
5 EL	Mehl	0,03 €
750 g	Kartoffeln	0,36 €
1 Bund	Petersilie	0,59 €
2 l	Mineralwasser	0,25 €
	Summe	**5,08 €**

Zubereitung

Weißkohl putzen, Strunk herausschneiden. Kohl in Salzwasser ca. 5 Minuten kochen, bis sich die äußeren Blätter lösen. Herausnehmen, mit kaltem Wasser abschrecken, 4–8 große Blätter abtrennen und Blattrippen flach abschneiden. (Aus dem restlichen Kohl nach Wunsch ein Gemüse zubereiten.) Brötchen in kaltem Wasser einweichen und ausdrücken. Zwiebel schälen und fein würfeln. Brötchen, Zwiebel, Ei, Hackfleisch, Thymian, Salz und Pfeffer mischen. Die Masse auf den Kohlblättern verteilen und aufrollen. Mit Küchengarn oder Steckern fixieren. Krautwickel in einem Topf in Butter rundherum anbraten. Mit ½ Liter Brühe ablöschen und ca. 50 Minuten köcheln lassen. Dabei restliche Brühe zugießen. Krautwickel herausnehmen. Mehl mit etwas Wasser anrühren und die Soße binden. Ca. 5 Minuten unter Rühren köcheln lassen. Abschmecken und mit den Krautwickeln anrichten. Dazu Salzkartoffeln mit gehackter Petersilie garniert reichen.

Abendessen

Menge	Zutaten	Preis
8 Scheiben	Graubrot	0,52 €
80 g	Margarine	0,14 €
4 Scheiben	Kassler-Aufschnitt	0,86 €
4 Stück	Rühreier	0,52 €
4 Stück	Tomaten	0,30 €
8 Tassen	Früchtetee	0,80 €
	Summe	**3,14 €**

Gesamtsumme
12,09 €

Frühstück

Menge	Zutaten	Preis
4 Scheiben	Graubrot	0,26 €
40 g	Butter	0,14 €
50 g	Marmelade	0,10 €
200 g	Müsli	0,25 €
¾ l	Milch	0,52 €
8 Tassen	Tee/Kaffee	0,80 €
	Summe	**2,07 €**

Mittagessen

Gemüseauflauf „Almeria" mit Hähnchen

Menge	Zutaten	Preis
500 g	Hähnchenbrust	2,50 €
5 EL	Speiseöl	0,25 €
1 TL	Salz	0,05 €
½ TL	Pfeffer	0,05 €
100 g	Zwiebeln	0,05 €
400 g	Kartoffeln	0,20 €
200 g	Paprika rot	0,40 €
250 g	Zucchini	0,30 €
100 g	Tomaten	0,09 €
100 g	Tomatenmark	0,28 €
50 ml	Ketchup	0,06 €
100 ml	Milch	0,07 €
1 Prise	Paprikapulver	0,05 €
1 Bund	Petersilie	0,59 €
100 g	geriebener Edamer	0,65 €
2 l	Mineralwasser	0,25 €
	Summe	**5,84 €**

Zubereitung

Hähnchenbrust in Streifen schneiden. In einer Pfanne im Öl rundum anbraten, salzen, pfeffern und dann in eine Auflaufform geben. Zwiebeln und Kartoffeln schälen und würfeln. Paprika und Zucchini putzen und in kleine Stücke schneiden. Das Gemüse in der Pfanne anbraten und mit Salz und Pfeffer würzen. Über die Hähnchenstreifen in der Form verteilen. Tomaten in einem Topf mit etwas Salz und Pfeffer bei mittlerer Hitze kurz köcheln lassen. Tomatenmark, Ketchup und etwas Milch unterrühren. Die Tomatensoße mit Paprikapulver würzen und gehackte Petersilie dazugeben. Die Soße über Hähnchenstreifen und Gemüse gießen. Den Käse darüberstreuen. Im auf 200 Grad vorgeheizten Ofen etwa ½ Stunde überbacken und sofort servieren.

Abendessen

Menge	Zutaten	Preis
8 Scheiben	Graubrot	0,52 €
80 g	Margarine	0,14 €
200 g	Frischkäse	0,66 €
100 g	Thüringer Mett	0,49 €
2 l	Mineralwasser	0,25 €
	Summe	**2,06 €**

Gesamtsumme

9,97 €

Frühstück

Menge	Zutaten	Preis
8 Stück	Brötchen	1,36 €
80 g	Butter	0,28 €
100 g	Marmelade	0,20 €
4 Scheiben	Käse	0,64 €
4 Scheiben	Kochschinken	0,66 €
4 Becher	Joghurt	0,76 €
2 Tassen	Kakao	0,37 €
4 Tassen	Tee/Kaffee	0,40 €
4 Glas	Saft	0,60 €
	Summe	**5,27 €**

Mittagessen

Makkaroniauflauf mit Schinken und Käse

Menge	Zutaten	Preis
500 g	Makkaroni	0,69 €
1 TL	Salz	0,05 €
200 g	Kochschinken	1,49 €
200 g	saure Sahne	0,29 €
50 g	Tomatenmark	0,14 €
120 ml	Ketchup	0,15 €
1 Prise	Pfeffer	0,05 €
75 g	Butter	0,26 €
1 Tüte	ger. Parmesan (56 g)	1,19 €
2 EL	Paniermehl	0,02 €
2 l	Mineralwasser	0,25 €
	Summe	**4,58 €**

Zubereitung

Makkaroni in fingerlange Stücke brechen und in Salzwasser nach Packungsanweisung bissfest kochen. Abtropfen lassen. Schinken würfeln. Saure Sahne mit Tomatenmark und Ketchup verrühren. Salzen und pfeffern. Eine hohe Auflaufform mit etwas Butter einfetten. Makkaroni, ¾ vom Parmesan und Schinkenwürfel hineingeben und vermischen. Sahnesoße darübergießen. Den restlichen Käse mit Paniermehl mischen und auf dem Auflauf verteilen. (Die Käse-Paniermehl-Schicht sollte nur dünn sein.) Butterflöckchen daraufsetzen. Im vorgeheizten Ofen bei etwa 180–200 Grad überbacken, bis der Auflauf leicht gebräunt ist (dauert ca. 25 Minuten).

Abendessen

Menge	Zutaten	Preis
8 Scheiben	Graubrot	0,64 €
80 g	Margarine	0,14 €
200 g	Frischkäse	0,66 €
400 g	Fleischsalat	0,94 €
1 Stück	Salatgurke	0,49 €
4 Glas	Apfelschorle	0,13 €
4 Tassen	Tee	0,40 €
	Summe	**3,40 €**

Gesamtsumme

13,25 €

Frühstück

Menge	Zutaten	Preis
8 Scheiben	Toastbrot	0,18 €
80 g	Butter	0,28 €
50 g	Nussnougatcreme	0,13 €
4 Scheiben	Käse	0,64 €
4 Stück	Birnen	0,80 €
2 Tassen	Kakao	0,37 €
4 Tassen	Tee/Kaffee	0,40 €
	Summe	**2,80 €**

Mittagessen

Odenwälder Holzfällerpfanne

Menge	Zutaten	Preis
500 g	Kartoffeln	0,24 €
100 g	Zwiebeln	0,05 €
2 Stück	Knoblauchzehen	0,14 €
4 EL	Speiseöl	0,20 €
250 g	Schupfnudeln (Kühlreg.)	0,45 €
1 Dose	Sauerkraut (425 g)	0,25 €
150 g	Möhren	0,09 €
200 g	Blumenkohl (TK)	0,36 €
200 g	Brokkoli (TK)	0,32 €
4 Stück	Mettwürstchen	1,59 €
1 Prise	Salz	0,05 €
1 Prise	Pfeffer	0,05 €
1 TL	Paprikapulver	0,05 €
2 l	Mineralwasser	0,25 €
	Summe	**4,09 €**

Zubereitung

Die Kartoffeln kochen, pellen, abkühlen lassen und in Scheiben schneiden. Zwiebeln und Knoblauch schälen und fein hacken. Mit den Kartoffelscheiben in einer Pfanne im Öl anbraten. Nudeln und Sauerkraut dazugeben, verrühren und 30 Minuten bei geringer Hitze ziehen lassen. Möhren schälen und in Scheiben schneiden. Mit aufgetautem Blumenkohl und Brokkoli sowie den Mettwürstchen in die Pfanne geben und weitere 10–15 Minuten garen. Mit Salz, Pfeffer und Paprikapulver abschmecken.

Abendessen

Menge	Zutaten	Preis
8 Scheiben	Graubrot	0,52 €
80 g	Margarine	0,14 €
4 Scheiben	Kassler-Aufschnitt	0,86 €
4 Stück	Rühreier	0,52 €
4 Stück	Tomaten	0,30 €
8 Tassen	Früchtetee	0,80 €
	Summe	**3,14 €**

Gesamtsumme
10,03 €

Frühstück

Menge	Zutaten	Preis
8 Stück	Brötchen	1,36 €
80 g	Butter	0,28 €
100 g	Marmelade	0,20 €
4 Scheiben	Käse	0,64 €
4 Becher	Joghurt	0,76 €
4 Stück	Äpfel	1,20 €
2 Tassen	Kakao	0,37 €
4 Tassen	Tee/Kaffee	0,40 €
	Summe	**5,21 €**

Mittagessen

Tilburger Ofen-Hackbrot

Menge	Zutaten	Preis
600 g	Kartoffeln	0,29 €
100 g	Tomaten	0,09 €
600 g	gemischtes Hackfleisch	2,03 €
100 ml	Ketchup	0,12 €
1 Stück	Ei	0,13 €
100 g	Zwiebeln	0,05 €
20 g	Senf	0,04 €
1 Prise	Salz	0,05 €
1 Prise	Pfeffer	0,05 €
150 g	Paniermehl	0,13 €
30 g	Butter	0,10 €
3 EL	Speiseöl	0,15 €
2 l	Mineralwasser	0,25 €
	Summe	**3,48 €**

Zubereitung

Kartoffeln mit Schale gar kochen, pellen und beiseitestellen. Tomaten waschen und in Scheiben schneiden. Hackfleisch, Ketchup, Ei, gehackte Zwiebel und Senf gut verkneten und mit Salz und Pfeffer würzen. Nach Bedarf Paniermehl zu der Hackmasse geben. Eine Kastenform mit Butter einfetten und den Hackteig einfüllen. Die Tomatenscheiben darauflegen und leicht in die Masse drücken. Die Form für ca. 30 Minuten in den auf 200 Grad vorgeheizten Backofen stellen (dann sollte das Hackbrot gar sein). Nach der Hälfte der Backzeit die Kartoffeln zubereiten. In einer Pfanne das Öl erhitzen und die Kartoffeln darin goldbraun backen. Salzen und pfeffern. Das Hackbrot in Scheiben schneiden und mit den Kartoffeln servieren.

Abendessen

Menge	Zutaten	Preis
8 Stück	Brötchen	1,36 €
80 g	Margarine	0,14 €
4 Scheiben	Kochschinken	0,66 €
200 g	Frischkäse	0,66 €
4 Stück	Äpfel	1,20 €
8 Tassen	Tee	0,80 €
	Summe	**4,82 €**

Gesamtsumme

13,51 €

Frühstück

Menge	Zutaten	Preis
4 Stück	Brötchen	0,68 €
80 g	Butter	0,28 €
100 g	Honig	0,46 €
4 Scheiben	Käse	0,64 €
¾ l	Milch	0,52 €
200 g	Müsli	0,25 €
2 Tassen	Kakao	0,37 €
4 Tassen	Tee/Kaffee	0,40 €
	Summe	**3,60 €**

Mittagessen

Elbstorfer Schinkenrollen

Menge	Zutaten	Preis
500 g	gemischtes Hackfleisch	1,69 €
1 Prise	Salz	0,05 €
1 Prise	Pfeffer	0,05 €
200 g	Kochschinken	1,49 €
1 Dose	gesch. Tomaten (850 g)	0,55 €
200 g	Sahne	0,35 €
200 g	saure Sahne	0,29 €
1 TL	Paprikapulver	0,05 €
50 g	Tomatenmark	0,14 €
500 g	Spiralnudeln	0,55 €
2 l	Mineralwasser	0,25 €
	Summe	**5,46 €**

Zubereitung

Hackfleisch mit Salz und Pfeffer verkneten. Die Masse in die Schinkenscheiben einrollen und diese in einen Topf legen. (Falls Hackfleisch übrig ist, kleine Kugeln daraus formen und mit in den Topf geben). Tomaten, Sahne und saure Sahne mit Paprikapulver und etwas Salz und Pfeffer verrühren. Über die Hackröllchen geben und das Ganze kurz aufkochen lassen. Dann bei geringer Hitze ca. 30 Minuten köcheln lassen. Die Soße mit Tomatenmark binden. Dazu Nudeln reichen.

Abendessen

Menge	Zutaten	Preis
4 Scheiben	Vollkornbrot	0,26 €
4 Scheiben	Graubrot	0,26 €
80 g	Margarine	0,14 €
4 Scheiben	Käse	0,64 €
400 g	Fleischsalat	0,94 €
4 Stück	Tomaten	0,30 €
4 Glas	Saft	0,60 €
2 l	Mineralwasser	0,25 €
	Summe	**3,39 €**

Gesamtsumme

12,45 €

Frühstück

Menge	Zutaten	Preis
8 Scheiben	Toastbrot	0,18 €
80 g	Butter	0,28 €
50 g	Marmelade	0,10 €
50 g	Nussnougatcreme	0,13 €
4 Scheiben	Puten-Aufschnitt	0,66 €
4 Stück	Orangen	1,16 €
2 Tassen	Kakao	0,37 €
4 Tassen	Tee/Kaffee	0,40 €
	Summe	**3,28 €**

Mittagessen

Ofenhähnchen auf Reis-Kartoffeln

Menge	Zutaten	Preis
1 Stück	Hähnchen (1300 g)	2,59 €
1 Prise	Salz	0,05 €
2 Stück	Knoblauchzehen	0,14 €
150 ml	Olivenöl	0,45 €
2 TL	Paprikapulver	0,10 €
800 g	Kartoffeln	0,38 €
100 g	Zwiebeln	0,05 €
2 EL	Brühe (Instant)	0,08 €
200 g	Reis	0,20 €
2 l	Mineralwasser	0,25 €
	Summe	**4,29 €**

Zubereitung

Backofen auf 200 Grad vorheizen. Hähnchen zerteilen und salzen. Knoblauch schälen und fein hacken. Mit Olivenöl und Paprikapulver mischen und das Hähnchen damit gut einreiben. Kartoffeln schälen, würfeln und salzen. Auf einem Backblech verteilen, etwas Wasser und 2 TL von der Ölmischung darübergeben. Blech in den Ofen schieben (untere Schiene). Hähnchenteile auf dem Rost auf die mittlere Schiene schieben, damit das Fett auf die Kartoffeln tropfen kann. Ca. 50–60 Minuten im Ofen garen. Für den Reis Zwiebeln schälen und fein würfeln. In einem Topf in etwas Öl andünsten. 1 Liter Wasser dazugießen, aufkochen lassen und Brühe einrühren. Den Reis hineingeben und halb zugedeckt kochen lassen, bis die Flüssigkeit aufgesaugt ist. Mit Hähnchen und Kartoffeln servieren.

Abendessen

Menge	Zutaten	Preis
8 Scheiben	Graubrot	0,52 €
80 g	Margarine	0,14 €
4 Scheiben	Kassler-Aufschnitt	0,86 €
4 Scheiben	Käse	0,64 €
1 Stück	Salatgurke	0,49 €
4 Stück	Pudding	0,76 €
4 Tassen	Früchtetee	0,40 €
2 l	Mineralwasser	0,25 €
	Summe	**4,06 €**

Gesamtsumme

11,63 €

Frühstück

Menge	Zutaten	Preis
8 Stück	Brötchen	1,36 €
80 g	Butter	0,28 €
100 g	Honig	0,46 €
4 Scheiben	Käse	0,64 €
4 Stück	Eier	0,52 €
2 Tassen	Kakao	0,37 €
4 Tassen	Tee/Kaffee	0,40 €
	Summe	**4,03 €**

Mittagessen

Hackfleisch-Gemüse-Topf mit Glasnudeln

Menge	Zutaten	Preis
2 Stück	Knoblauchzehen	0,14 €
200 g	Zwiebeln	0,09 €
5 EL	Speiseöl	0,25 €
400 g	gemischtes Hackfleisch	1,35 €
2 TL	Brühe (Instant)	0,04 €
100 g	Tomatenmark	0,28 €
300 g	Paprika rot	0,59 €
500 g	Tomaten	0,45 €
1 Dose	Champignons (300 g)	0,45 €
1 Prise	Chilipfeffer	0,08 €
1 Prise	Salz	0,05 €
200 g	Glasnudeln	2,78 €
2 l	Mineralwasser	0,25 €
	Summe	**6,80 €**

Zubereitung

Knoblauch und die Zwiebeln schälen und fein würfeln. In einem Topf im Öl kurz anschwitzen. Hackfleisch zufügen und anbraten. Mit ½ Liter Brühe ablöschen. Tomatenmark zufügen und köcheln lassen. Paprika waschen, putzen und klein schneiden. Tomaten mit heißem Wasser überbrühen, häuten und in Stücke schneiden. Champignons halbieren. Das Gemüse zum Fleisch geben und etwa 25 Minuten bei geringer Hitze garen. Mit Chilipfeffer und Salz abschmecken. Während der Garzeit die Nudeln nach Packungsanweisung kochen und zu dem Hackfleisch-Gemüse-Topf servieren.

Abendessen

Menge	Zutaten	Preis
8 Scheiben	Graubrot	0,52 €
80 g	Margarine	0,14 €
8 Scheiben	Käse	1,28 €
4 Stück	Tomaten	0,30 €
4 Stück	Äpfel	1,20 €
8 Tassen	Tee	0,80 €
	Summe	**4,24 €**

Gesamtsumme

15,07 €

Frühstück

Menge	Zutaten	Preis
8 Scheiben	Toastbrot	0,18 €
80 g	Butter	0,28 €
50 g	Nussnougatcreme	0,13 €
50 g	Honig	0,23 €
4 Scheiben	Lachsschinken	0,48 €
4 Becher	Joghurt	0,76 €
2 Tassen	Kakao	0,37 €
4 Tassen	Tee/Kaffee	0,40 €
	Summe	**2,83 €**

Mittagessen

Arabisches Honighähnchen

Menge	Zutaten	Preis
1 Stück	Hähnchen (1300 g)	2,59 €
1 Prise	Salz	0,05 €
1 Prise	Pfeffer	0,05 €
100 g	Zwiebeln	0,05 €
5 EL	Speiseöl	0,25 €
200 g	Reis	0,20 €
4 TL	Brühe (Instant)	0,08 €
100 g	Rosinen	0,20 €
10 g	Pinienkerne	0,32 €
1 Bund	Petersilie	0,59 €
100 g	Honig	0,44 €
2 l	Mineralwasser	0,25 €
	Summe	**5,07 €**

Zubereitung

Hähnchen waschen, trocken tupfen und innen und außen salzen und pfeffern. Für die Füllung Zwiebeln schälen und hacken. In der Hälfte des Öls andünsten. Reis zugeben und mit ½ Liter Brühe ablöschen. Flüssigkeit einziehen lassen, bis sich an der Oberfläche kleine Löcher bilden. Gewaschene Rosinen, Pinienkerne und gehackte Petersilie untermengen. Hähnchen mit einem Teil der Reismasse füllen und mit Zwirn oder Rouladennadeln verschließen. In eine feuerfeste Form geben, ½ Liter Brühe angießen. Mit restlichem Öl bepinseln und für ca. 45 Minuten in den auf 200 Grad vorgeheizten Backofen schieben. Zwischendurch mit der Brühe begießen. Wenn das Fleisch gar ist, mit Honig bepinseln und im Ofen bräunen lassen. Den übrigen Reis um das Hähnchen legen und mit erwärmen.

Abendessen

Menge	Zutaten	Preis
4 Scheiben	Schwarzbrot	0,26 €
4 Stück	Brötchen	0,68 €
80 g	Margarine	0,14 €
4 Scheiben	Käse	0,64 €
4 Scheiben	Kassler-Aufschnitt	0,86 €
1 Bund	Radieschen	0,49 €
8 Tassen	Früchtetee	0,80 €
	Summe	**3,87 €**

Gesamtsumme

11,77 €

Frühstück

Menge	Zutaten	Preis
8 Scheiben	Graubrot	0,52 €
80 g	Butter	0,28 €
100 g	Marmelade	0,20 €
4 Scheiben	Käse	0,64 €
4 Becher	Joghurt	0,76 €
2 Tassen	Kakao	0,37 €
4 Tassen	Tee/Kaffee	0,40 €
	Summe	**3,17 €**

Mittagessen

Holländisches Reisfleisch

Menge	Zutaten	Preis
400 g	Schweineschulter	1,33 €
80 g	Butter	0,28 €
150 g	Zwiebeln	0,07 €
250 g	Reis	0,25 €
1 TL	Paprikapulver	0,05 €
1 Prise	Salz	0,05 €
1 Prise	Pfeffer	0,05 €
3 TL	Brühe (Instant)	0,06 €
200 g	Paprika grün	0,40 €
300 g	Tomaten	0,27 €
1 Dose	Champignons (300 g)	0,45 €
250 g	Gouda am Stück	1,37 €
2 l	Mineralwasser	0,25 €
	Summe	**4,88 €**

Zubereitung

Schweinefleisch in 2 cm große Würfel schneiden und in Butter scharf anbraten. Zwiebeln schälen, in Ringe schneiden, zufügen und anschwitzen. Reis und Paprikapulver kurz mitrösten, salzen, pfeffern und mit ¾ Liter Brühe auffüllen. Paprikaschoten waschen, putzen und in Streifen schneiden. Tomaten waschen und achteln. Nach 15 Minuten Garzeit mit den Champignons zum Fleisch und Reis geben und weitere 8–10 Minuten bei geringer Hitze gar kochen. Mit gewürfeltem Gouda vermischen, nochmals abschmecken und servieren.

Abendessen

Menge	Zutaten	Preis
4 Scheiben	Vollkornbrot	0,26 €
4 Scheiben	Graubrot	0,26 €
80 g	Margarine	0,14 €
200 g	Quark sort.	0,43 €
4 Scheiben	Kassler-Aufschnitt	0,86 €
4 Stück	Bananen	0,86 €
8 Tassen	Früchtetee	0,80 €
	Summe	**3,61 €**

Gesamtsumme

11,66 €

Gerichte ohne Fleisch

Frühstück

Menge	Zutaten	Preis
6 Stück	Brötchen	1,02 €
60 g	Butter	0,21 €
50 g	Honig	0,23 €
4 Scheiben	Kochschinken	0,66 €
200 g	Cornflakes	0,25 €
375 ml	Milch	0,26 €
2 Tassen	Kakao	0,37 €
4 Tassen	Tee/Kaffee	0,40 €
	Summe	**3,40 €**

Mittagessen

Kartoffel-Blumenkohl-Gratin

Menge	Zutaten	Preis
600 g	Kartoffeln	0,29 €
1 TL	Salz	0,10 €
1 Stück	Blumenkohl	0,99 €
200 g	Sahne	0,35 €
2 Stück	Eier	0,25 €
1 TL	Pfeffer	0,10 €
½ TL	Muskat	0,05 €
50 g	Butter	0,17 €
250 g	Gouda am Stück	1,37 €
2 l	Mineralwasser	0,25 €
	Summe	**3,92 €**

Zubereitung

Kartoffeln schälen und in Salzwasser bissfest kochen. Abkühlen lassen und in Scheiben schneiden. Blumenkohl putzen, zerteilen und in Salzwasser bissfest kochen. Sahne mit Eiern vermischen und mit Salz, Pfeffer und Muskat abschmecken. Eine Schicht Kartoffeln in eine gebutterte Auflaufform geben und mit etwas Salz, Pfeffer und Muskat würzen. Den Blumenkohl darauf verteilen. Mit den restlichen Kartoffeln bedecken und wieder mit Salz, Pfeffer, Muskat würzen. Die Sahne-Ei-Mischung darübergießen. Ca. ½ Stunde bei 200 Grad im Ofen backen. Mit geriebenem Käse bestreuen und 5–10 Minuten überbacken.

Abendessen

Menge	Zutaten	Preis
4 Scheiben	Vollkornbrot	0,26 €
4 Scheiben	Graubrot	0,26 €
80 g	Margarine	0,14 €
4 Scheiben	Käse	0,64 €
400 g	Fleischsalat	0,94 €
4 Stück	Tomaten	0,30 €
4 Glas	Saft	0,60 €
2 l	Mineralwasser	0,25 €
	Summe	**3,39 €**

Gesamtsumme

10,71 €

Frühstück

Menge	Zutaten	Preis
4 Stück	Brötchen	0,68 €
40 g	Butter	0,14 €
4 Scheiben	Kochschinken	0,66 €
200 g	Müsli	0,25 €
375 ml	Milch	0,26 €
8 Tassen	Tee/Kaffee	0,80 €
	Summe	**2,79 €**

Mittagessen

Farbenfrohes Ratatouille

Menge	Zutaten	Preis
100 g	Zwiebeln	0,05 €
400 g	Paprika rot	0,79 €
400 g	Zucchini	0,48 €
1 Prise	Salz	0,05 €
1 Prise	Pfeffer	0,05 €
½ TL	getr. Basilikum	0,04 €
5 Stück	Lorbeerblätter	0,17 €
½ TL	Thymian	0,05 €
5 EL	Speiseöl	0,25 €
1 Dose	gesch. Tomaten (850 g)	0,55 €
100 g	Tomatenmark	0,28 €
200 g	Sahne	0,35 €
500 g	Reis	0,49 €
1 Bund	Petersilie	0,59 €
2 l	Mineralwasser	0,25 €
	Summe	**4,44 €**

Zubereitung

Zwiebeln schälen und grob hacken. Paprika und Zucchini waschen, putzen und in Stücke schneiden. Etwas Wasser in einen Topf geben (1 cm hoch), erhitzen und Gemüse hinzufügen. Alle Gewürze und das Öl untermischen. Etwa 5 Minuten kochen. Die Tomaten dazugeben und weitere 5 Minuten kochen. Mit Tomatenmark binden und nach Belieben mit etwas Sahne abrunden. Wenn nötig, nochmals salzen und pfeffern. Mit gehackter Petersilie garnieren und zu Reis servieren.

Abendessen

Menge	Zutaten	Preis
4 Scheiben	Schwarzbrot	0,26 €
2 Stück	Brötchen	0,34 €
80 g	Margarine	0,14 €
12 Scheiben	Truthahn-Aufschnitt	0,84 €
4 Stück	Spiegeleier	0,52 €
2 l	Mineralwasser	0,25 €
	Summe	**2,35 €**

Gesamtsumme

9,58 €

Frühstück

Menge	Zutaten	Preis
8 Scheiben	Graubrot	0,52 €
80 g	Butter	0,28 €
100 g	Marmelade	0,20 €
4 Scheiben	Puten-Aufschnitt	0,66 €
200 g	Frischkäse	0,66 €
2 Tassen	Kakao	0,37 €
4 Tassen	Tee/Kaffee	0,40 €
4 Glas	Saft	0,60 €
	Summe	**3,69 €**

Mittagessen

Schongauer Käsespätzle mit Zwiebeln

Menge	Zutaten	Preis
800 g	Mehl	0,42 €
8 Stück	Eier	1,00 €
1 TL	Salz	0,05 €
400 g	Gouda am Stück	2,20 €
200 g	Zwiebeln	0,09 €
40 g	Butter	0,14 €
1 Bund	Schnittlauch	0,88 €
2 l	Mineralwasser	0,25 €
	Summe	**5,03 €**

Zubereitung

Mehl in eine Schüssel sieben. Eier, etwas Salz und ca. 150 ml kaltes Wasser unterrühren, bis der Teig Blasen wirft. Wenn nötig, noch etwas Wasser zugeben. Den Käse reiben. Einen großen Topf mit Salzwasser zum Kochen bringen. Den Teig portionsweise durch eine Nudelpresse in das Wasser drücken (oder über ein Brett schaben). Die Spätzle sind gar, wenn sie an die Oberfläche kommen. Mit einem Schaumlöffel die erste Portion in eine vorgewärmte Schüssel geben. Mit Käse bestreuen und im Backofen warm halten. Das Ganze wiederholen, bis der Teig verbraucht ist. Zwiebeln schälen und in Ringe schneiden. In Butter hellbraun anschwitzen. Zum Servieren die Zwiebeln darübergeben und mit Schnittlauchröllchen bestreuen.

Abendessen

Menge	Zutaten	Preis
8 Scheiben	Graubrot	0,52 €
80 g	Margarine	0,14 €
4 Scheiben	Käse	0,64 €
400 g	Heringssalat	0,94 €
4 Stück	Gewürzgurken	0,22 €
8 Tassen	Früchtetee	0,80 €
	Summe	**3,26 €**

Gesamtsumme

11,98 €

Frühstück

Menge	Zutaten	Preis
8 Stück	Brötchen	1,36 €
80 g	Butter	0,28 €
100 g	Honig	0,46 €
4 Scheiben	Lachsschinken	0,48 €
4 Stück	Eier	0,52 €
2 Tassen	Kakao	0,37 €
4 Tassen	Tee/Kaffee	0,40 €
	Summe	**3,87 €**

Mittagessen

Zucchini-Tomaten-Topf

Menge	Zutaten	Preis
200 g	Zwiebeln	0,09 €
5 EL	Olivenöl	0,07 €
800 g	Zucchini	0,95 €
1 Dose	gesch. Tomaten (850 g)	0,55 €
1 TL	Currypulver	0,03 €
½ TL	Majoran	0,03 €
50 g	Peperoni	0,75 €
3 Stück	Knoblauchzehen	0,21 €
100 g	Tomatenmark	0,28 €
800 g	Kartoffeln	0,38 €
2 l	Mineralwasser	0,25 €
	Summe	**3,59 €**

Zubereitung

Zwiebeln schälen und in grobe Stücke schneiden. In einem großen Topf im Öl goldgelb schmoren. Zucchini putzen, waschen und in 2 cm große Stücke schneiden. Zu den Zwiebeln geben und ca. 5 Minuten unter Rühren garen. Dann die zerkleinerten Tomaten ohne Saft hinzufügen. Mit Currypulver, Majoran, Peperoni und geschälten, fein gehackten Knoblauchzehen würzen. Weitere 5 Minuten kochen. Den Gemüsetopf mit etwas Tomatenmark eindicken. Dazu Salzkartoffeln reichen.

Abendessen

Menge	Zutaten	Preis
4 Scheiben	Vollkornbrot	0,26 €
4 Scheiben	Graubrot	0,26 €
80 g	Margarine	0,14 €
4 Scheiben	Käse	0,64 €
400 g	Fleischsalat	0,94 €
4 Stück	Tomaten	0,30 €
4 Glas	Saft	0,60 €
2 l	Mineralwasser	0,25 €
	Summe	**3,39 €**

Gesamtsumme

10,85 €

Frühstück

Menge	Zutaten	Preis
4 Scheiben	Graubrot	0,26 €
40 g	Butter	0,14 €
50 g	Marmelade	0,10 €
200 g	Müsli	0,25 €
¾ l	Milch	0,52 €
4 Scheiben	Lachsschinken	0,48 €
4 Stück	Orangen	1,16 €
2 Tassen	Kakao	0,37 €
4 Tassen	Tee/Kaffee	0,40 €
	Summe	**3,68 €**

Mittagessen

Katalanischer Flammkuchen

Menge	Zutaten	Preis
125 g	Butter	0,44 €
400 g	saure Sahne	0,58 €
300 g	Mehl	0,16 €
200 g	Tomaten	0,18 €
2 Stück	Mozzarella (440 g)	0,98 €
1 Prise	Salz	0,05 €
1 Prise	Pfeffer	0,05 €
1 TL	getr. Basilikum	0,08 €
2 l	Mineralwasser	0,25 €
	Summe	**2,77 €**

Zubereitung

Die Butter, 175 Gramm saure Sahne und Mehl mit den Händen verkneten. Den Teig zu 4 Kugeln (für 4 Flammkuchen) formen. Arbeitsfläche mit Mehl bestäuben, 1 Kugel darauflegen und hauchdünn ausrollen. Auf ein Blech mit Backpapier legen. Den Rand ca. 1 cm hochziehen. Belag: Je 1 EL saure Sahne auf dem Teig verteilen. Tomaten waschen, entkernen und in Würfel schneiden. Tomatenwürfel auf die Flammkuchen geben. Mozzarella in kleine Stücke reißen und darauflegen. Mit Salz, Pfeffer und Basilikum würzen. In den auf 200 Grad vorgeheizten Ofen schieben und etwa 8 Minuten backen.

Abendessen

Menge	Zutaten	Preis
8 Scheiben	Graubrot	0,52 €
80 g	Margarine	0,14 €
4 Scheiben	Kassler-Aufschnitt	0,86 €
4 Scheiben	Käse	0,64 €
1 Stück	Salatgurke	0,49 €
4 Stück	Pudding	0,76 €
4 Tassen	Früchtetee	0,40 €
2 l	Mineralwasser	0,25 €
	Summe	**4,06 €**

Gesamtsumme
10,51 €

Frühstück

Menge	Zutaten	Preis
8 Stück	Brötchen	1,36 €
80 g	Butter	0,28 €
100 g	Marmelade	0,20 €
4 Scheiben	Käse	0,64 €
4 Scheiben	Kochschinken	0,66 €
4 Becher	Joghurt	0,76 €
2 Tassen	Kakao	0,37 €
4 Tassen	Tee/Kaffee	0,40 €
4 Glas	Saft	0,60 €
	Summe	**5,27 €**

Mittagessen

Vierländer Spaghetti-Gemüse-Topf

Menge	Zutaten	Preis
1 Dose	gesch. Tomaten (850 g)	0,55 €
1 Bund	Suppengrün	1,19 €
200 g	Möhren	0,12 €
200 g	Zwiebeln	0,09 €
5 EL	Speiseöl	0,25 €
1 Prise	Salz	0,05 €
1 Prise	Pfeffer	0,05 €
250 g	Spaghetti	0,25 €
50 g	Butter	0,18 €
100 g	geriebener Emmentaler	0,65 €
2 l	Mineralwasser	0,25 €
	Summe	**3,63 €**

Zubereitung

Geschälte Tomaten vierteln. Suppengrün putzen, waschen und in Würfel oder Scheiben schneiden. Möhren und Zwiebeln schälen und würfeln. Öl in einem Topf erhitzen. Zuerst Zwiebeln, Möhren und Sellerie vom Suppengrün etwa 5 Minuten andünsten. Tomaten dazugeben und 5 Minuten kochen. Porree hinzufügen und weitere 5 Minuten garen. Mit Salz und Pfeffer abschmecken. Spaghetti in Salzwasser bissfest kochen. Abtropfen lassen und in zerlassener Butter schwenken. Nudeln und Gemüse in einer großen Schüssel vermischen und mit dem Käse bestreuen.

Abendessen

Menge	Zutaten	Preis
4 Scheiben	Schwarzbrot	0,26 €
4 Stück	Brötchen	0,68 €
80 g	Margarine	0,14 €
4 Scheiben	Käse	0,64 €
4 Scheiben	Kassler-Aufschnitt	0,86 €
1 Bund	Radieschen	0,49 €
8 Tassen	Früchtetee	0,80 €
	Summe	**3,87 €**

Gesamtsumme

12,77 €

Frühstück

Menge	Zutaten	Preis
8 Scheiben	Toastbrot	0,18 €
80 g	Butter	0,28 €
50 g	Nussnougatcreme	0,13 €
4 Scheiben	Käse	0,64 €
4 Stück	Birnen	0,80 €
2 Tassen	Kakao	0,37 €
4 Tassen	Tee/Kaffee	0,40 €
	Summe	**2,80 €**

Mittagessen

Zucchini-Zitronen-Nudeln mit Fetakäse

Menge	Zutaten	Preis
800 g	Zucchini	0,95 €
2 Stück	Knoblauchzehen	0,14 €
200 g	Fetakäse	1,85 €
2 Stück	Zitronen	0,50 €
500 g	Spiralnudeln	0,55 €
100 ml	Olivenöl	0,14 €
½ TL	Thymian	0,05 €
1 Prise	Salz	0,05 €
1 Prise	Pfeffer	0,05 €
2 l	Mineralwasser	0,25 €
	Summe	**4,53 €**

Zubereitung

Zucchini putzen, waschen und in dünne Scheiben schneiden. Knoblauch schälen und fein hacken. Fetakäse zerbröckeln. Zitronen auspressen. Nudeln bissfest kochen, 2 Minuten vor Ende der Garzeit etwa 2 EL Zitronensaft ins Nudelwasser geben. Öl in einer Pfanne erhitzen. Knoblauch darin kurz anbraten, dann Zucchini zufügen und ca. 5 Minuten andünsten. Den restlichen Zitronensaft dazugeben und mit Thymian, Salz und Pfeffer würzen. Mit den Nudeln vermischen. Auf Teller verteilen und mit Fetakäse bestreuen.

Abendessen

Menge	Zutaten	Preis
4 Scheiben	Schwarzbrot	0,26 €
2 Stück	Brötchen	0,34 €
80 g	Margarine	0,14 €
12 Scheiben	Truthahn-Aufschnitt	0,84 €
4 Stück	Spiegeleier	0,52 €
4 Becher	Joghurt	0,76 €
2 l	Mineralwasser	0,25 €
	Summe	**3,11 €**

Gesamtsumme
10,44 €

Frühstück

Menge	Zutaten	Preis
8 Stück	Brötchen	1,36 €
80 g	Butter	0,28 €
100 g	Marmelade	0,20 €
4 Scheiben	Käse	0,64 €
4 Stück	Äpfel	1,20 €
2 Tassen	Kakao	0,37 €
4 Tassen	Tee/Kaffee	0,40 €
	Summe	**4,45 €**

Mittagessen

Frankfurter Grüne Soße mit Ei

Menge	Zutaten	Preis
1 Bund	Petersilie	0,59 €
1 Bund	Schnittlauch	0,88 €
1 Bund	Estragon	0,69 €
100 g	Zwiebeln	0,05 €
200 g	saure Sahne	0,29 €
200 g	Joghurt	0,19 €
50 ml	Miracel Whip	0,19 €
2 EL	Speiseöl	0,10 €
4 EL	Essig	0,02 €
1 Prise	Salz	0,05 €
1 Prise	Pfeffer	0,05 €
8 Stück	Eier	1,00 €
800 g	Kartoffeln	0,38 €
2 l	Mineralwasser	0,25 €
	Summe	**4,73 €**

Zubereitung

Vorab: Es können auch andere Kräuter verwendet werden, z. B. Dill, Kresse oder Sauerampfer. Kräuter putzen, waschen und trocken tupfen. Fein hacken und miteinander vermengen. Zwiebeln schälen und fein würfeln. Kräuter mit saurer Sahne, Joghurt, Miracel Whip, Öl und Essig verrühren. Mit Salz und Pfeffer abschmecken. Eier hart kochen und abkühlen lassen. Pellen, würfeln und unterrühren. Die Soße zu heißen Salzkartoffeln servieren.

Abendessen

Menge	Zutaten	Preis
8 Scheiben	Graubrot	0,52 €
80 g	Margarine	0,14 €
200 g	Frischkäse	0,66 €
100 g	Thüringer Mett	0,49 €
1 Bund	Radieschen	0,49 €
2 l	Mineralwasser	0,25 €
	Summe	**2,55 €**

Gesamtsumme

11,73 €

Frühstück

Menge	Zutaten	Preis
4 Stück	Brötchen	0,68 €
80 g	Butter	0,28 €
100 g	Honig	0,46 €
4 Scheiben	Käse	0,64 €
¾ l	Milch	0,52 €
200 g	Müsli	0,25 €
2 Tassen	Kakao	0,37 €
4 Tassen	Tee/Kaffee	0,40 €
	Summe	**3,60 €**

Mittagessen

Schnelles Gemüsegratin

Menge	Zutaten	Preis
600 g	Kartoffeln	0,29 €
500 g	Suppengemüse (TK)	0,70 €
4 Stück	Eier	0,50 €
400 g	Sahne	0,70 €
1 TL	Oregano	0,15 €
1 Prise	Salz	0,05 €
1 Prise	Pfeffer	0,05 €
200 g	geriebener Edamer	1,19 €
2 l	Mineralwasser	0,25 €
	Summe	**3,88 €**

Zubereitung

Kartoffeln schälen und in kleine Würfel schneiden. Mit dem Suppengemüse mischen und in eine Auflaufform geben. Eier mit Sahne und Oregano, Salz und Pfeffer verrühren und über das Gemüse geben. Den Auflauf im Ofen auf mittlerer Schiene bei 200 Grad ca. 45 Minuten backen. Nach 30 Minuten den Käse darüberstreuen und das Ganze goldbraun überbacken.

Abendessen

Menge	Zutaten	Preis
4 Scheiben	Vollkornbrot	0,26 €
4 Scheiben	Graubrot	0,26 €
80 g	Margarine	0,14 €
4 Scheiben	Käse	0,64 €
400 g	Fleischsalat	0,94 €
4 Stück	Tomaten	0,30 €
4 Glas	Saft	0,60 €
2 l	Mineralwasser	0,25 €
	Summe	**3,39 €**

Gesamtsumme

10,87 €

Frühstück

Menge	Zutaten	Preis
8 Scheiben	Toastbrot	0,18 €
80 g	Butter	0,28 €
50 g	Marmelade	0,10 €
50 g	Nussnougatcreme	0,13 €
4 Scheiben	Puten-Aufschnitt	0,66 €
4 Stück	Orangen	1,16 €
2 Tassen	Kakao	0,37 €
4 Tassen	Tee/Kaffee	0,40 €
	Summe	**3,28 €**

Mittagessen

Nudelomelett „Povoletto"

Menge	Zutaten	Preis
500 g	Makkaroni	0,69 €
150 g	Tomaten	0,13 €
8 Stück	Eier	1,00 €
2 Stück	Mozzarella (440 g)	0,98 €
1 Prise	Salz	0,05 €
1 Prise	Pfeffer	0,05 €
½ TL	Chilipulver	0,08 €
½ TL	Basilikum	0,04 €
40 g	Butter	0,14 €
2 l	Mineralwasser	0,25 €
	Summe	**3,41 €**

Zubereitung

Die Nudeln nach Packungsanweisung bissfest kochen. Abgießen und in kleine Stücke schneiden. Tomaten waschen und würfeln. Eier mit klein geschnittenem Käse verrühren und mit Salz, Pfeffer, Chilipulver und Basilikum würzen. Mit Nudeln und Tomatenwürfeln in einer Schüssel vermischen. Butter in einer großen Pfanne erhitzen und die Nudelmasse hineingeben. Immer wieder wenden und so lange braten, bis kein flüssiges Eiweiß mehr zu sehen und das Omelett goldbraun ist. Heiß servieren.

Abendessen

Menge	Zutaten	Preis
8 Scheiben	Graubrot	0,52 €
80 g	Margarine	0,14 €
4 Scheiben	Kassler-Aufschnitt	0,86 €
4 Scheiben	Käse	0,64 €
1 Stück	Salatgurke	0,49 €
4 Stück	Pudding	0,76 €
4 Tassen	Früchtetee	0,40 €
2 l	Mineralwasser	0,25 €
	Summe	**4,06 €**

Gesamtsumme

10,75 €

Frühstück

Menge	Zutaten	Preis
8 Stück	Brötchen	1,36 €
80 g	Butter	0,28 €
100 g	Honig	0,46 €
4 Scheiben	Käse	0,64 €
4 Stück	Eier	0,52 €
4 Stück	Äpfel	1,20 €
2 Tassen	Kakao	0,37 €
4 Tassen	Tee/Kaffee	0,40 €
	Summe	**5,23 €**

Mittagessen

Vegetarische Frühlingsnudeln

Menge	Zutaten	Preis
500 g	Spaghetti	0,49 €
1 TL	Salz	0,05 €
250 g	Porree	0,50 €
5 EL	Olivenöl	0,25 €
2 Stück	Knoblauchzehen	0,14 €
200 g	Sahne	0,35 €
1 TL	Brühe (Instant)	0,02 €
200 g	Tomaten	0,18 €
200 g	Erbsen (TK)	0,49 €
2 Tüten	ger. Parmesan (112 g)	2,38 €
1 Prise	Pfeffer	0,05 €
2 l	Mineralwasser	0,25 €
	Summe	**5,15 €**

Zubereitung

Spaghetti in Salzwasser bissfest kochen und abtropfen lassen. Porree putzen, waschen und in feine Ringe schneiden. In einer großen Pfanne im Öl andünsten. Knoblauch schälen und durchgepresst zum Gemüse geben. Etwa 5 Minuten andünsten. Mit Sahne und ¼ Liter Brühe ablöschen. Tomaten waschen, würfeln und mit den Erbsen hinzufügen. 10 Minuten köcheln lassen. Nudeln und Parmesan untermengen. Mit Salz und Pfeffer abschmecken.

Abendessen

Menge	Zutaten	Preis
8 Scheiben	Graubrot	0,52 €
80 g	Margarine	0,14 €
4 Scheiben	Käse	0,64 €
400 g	Heringssalat	0,94 €
4 Stück	Gewürzgurken	0,22 €
8 Tassen	Früchtetee	0,80 €
	Summe	**3,26 €**

Gesamtsumme

13,64 €

Frühstück

Menge	Zutaten	Preis
8 Scheiben	Toastbrot	0,18 €
80 g	Butter	0,28 €
50 g	Nussnougatcreme	0,13 €
50 g	Honig	0,23 €
4 Scheiben	Lachsschinken	0,48 €
4 Becher	Joghurt	0,76 €
2 Tassen	Kakao	0,37 €
4 Tassen	Tee/Kaffee	0,40 €
	Summe	**2,83 €**

Mittagessen

Zucchini-Blätterteig-Quiche

Menge	Zutaten	Preis
450 g	Blätterteig (TK)	0,99 €
150 g	Zucchini	0,18 €
100 g	Zwiebeln	0,05 €
3 Stück	Eier	0,38 €
200 g	Sahne	0,35 €
200 g	saure Sahne	0,29 €
2 Stück	Knoblauchzehen	0,14 €
1 Prise	Salz	0,05 €
1 Prise	Pfeffer	0,05 €
100 g	geriebener Edamer	0,65 €
2 l	Mineralwasser	0,25 €
	Summe	**3,38 €**

Zubereitung

Blätterteigplatten auftauen lassen. Flach ausrollen und auf ein mit Backpapier belegtes Blech mit Rand legen. Zucchini putzen, waschen und in Scheiben schneiden. Zwiebeln schälen und fein würfeln. Eier, Zwiebelwürfel, Sahne und saure Sahne gut verrühren. Geschälten Knoblauch dazupressen und mit Salz und Pfeffer abschmecken. Zucchinischeiben auf dem Teig verteilen. Mit Käse bestreuen und die Sahnemischung darübergeben. Im vorgeheizten Backofen bei 180 Grad ca. 45 Minuten backen.

Abendessen

Menge	Zutaten	Preis
8 Scheiben	Graubrot	0,26 €
80 g	Margarine	0,14 €
4 Scheiben	Kassler-Aufschnitt	0,86 €
200 g	Frischkäse	0,66 €
1 Stück	Salatgurke	0,49 €
4 Glas	Apfelschorle	0,13 €
4 Tassen	Tee	0,40 €
	Summe	**2,94 €**

Gesamtsumme

9,15 €

Frühstück

Menge	Zutaten	Preis
8 Scheiben	Graubrot	0,52 €
80 g	Butter	0,28 €
100 g	Marmelade	0,20 €
4 Scheiben	Käse	0,64 €
4 Becher	Joghurt	0,76 €
2 Tassen	Kakao	0,37 €
4 Tassen	Tee/Kaffee	0,40 €
	Summe	**3,17 €**

Mittagessen

Wilster Steckrübenpuffer

Menge	Zutaten	Preis
1500 g	Steckrüben	1,32 €
200 g	Crème fraîche	0,59 €
1 Prise	Salz	0,05 €
1 Prise	Pfeffer	0,05 €
1 Prise	Muskat	0,05 €
100 g	Mehl	0,05 €
2 Stück	Eier	0,25 €
100 g	Butter	0,35 €
1 Glas	Pflaumenkompott (720 g)	0,89 €
2 l	Mineralwasser	0,25 €
	Summe	**3,85 €**

Zubereitung

Steckrüben unter fließendem Wasser kräftig abwaschen. In Salzwasser weich kochen. Den Kochsud aufbewahren. Rüben schälen, pürieren und mit ein wenig Sud einkochen. Crème fraîche hinzugeben und mit Salz, Pfeffer und Muskat abschmecken. Anschließend abkühlen lassen. Mit Mehl und Eiern zu einem Pufferteig verarbeiten. Als kleine Taler bei mittlerer Hitze in Butter goldbraun braten. Dazu Pflaumenkompott reichen.

Abendessen

Menge	Zutaten	Preis
4 Scheiben	Vollkornbrot	0,26 €
4 Scheiben	Graubrot	0,26 €
80 g	Margarine	0,14 €
200 g	Quark sort.	0,43 €
4 Scheiben	Kassler-Aufschnitt	0,86 €
4 Stück	Bananen	0,86 €
8 Tassen	Früchtetee	0,80 €
	Summe	**3,61 €**

Gesamtsumme
10,63 €

Frühstück

Menge	Zutaten	Preis
6 Stück	Brötchen	1,02 €
60 g	Butter	0,21 €
50 g	Honig	0,23 €
4 Scheiben	Kochschinken	0,66 €
200 g	Cornflakes	0,25 €
375 ml	Milch	0,26 €
2 Tassen	Kakao	0,37 €
4 Tassen	Tee/Kaffee	0,40 €
	Summe	**3,40 €**

Mittagessen

Vegetarischer Flammkuchen

Menge	Zutaten	Preis
100 g	Zwiebeln	0,05 €
2 Stück	Knoblauchzehen	0,14 €
400 g	Crème fraîche	1,18 €
200 g	geriebener Edamer	1,30 €
1 Prise	Salz	0,05 €
1 Prise	Pfeffer	0,05 €
1 Prise	Muskat	0,05 €
200 g	Porree	0,26 €
1 Dose	Champignons (300 g)	0,45 €
900 g	Blätterteig (TK)	1,98 €
2 l	Mineralwasser	0,25 €
	Summe	**5,76 €**

Zubereitung

Die Zwiebeln und Knoblauch schälen und fein hacken. Mit Crème fraîche und ca. 1/3 des Käses in einer Schüssel gut vermengen. Mit Salz, Pfeffer und Muskat würzen. Porree putzen, waschen und in dünne Ringe schneiden. Champignons in Scheiben schneiden. Blätterteig auftauen lassen und auf einem mit Backpapier ausgelegten Blech ausrollen. Die Crème-fraîche-Masse darauf verstreichen und mit Porree und Champignons belegen. Den übrigen Käse darüberstreuen. Im auf 180 Grad vorgeheizten Ofen ca. 15 Minuten backen, bis der Käse goldbraun ist.

Abendessen

Menge	Zutaten	Preis
8 Scheiben	Graubrot	0,64 €
80 g	Margarine	0,14 €
200 g	Frischkäse	0,66 €
400 g	Fleischsalat	0,94 €
1 Stück	Salatgurke	0,49 €
4 Glas	Apfelschorle	0,13 €
4 Tassen	Tee	0,40 €
	Summe	**3,40 €**

Gesamtsumme

12,56 €

Frühstück

Menge	Zutaten	Preis
4 Stück	Brötchen	0,68 €
40 g	Butter	0,14 €
4 Scheiben	Kochschinken	0,66 €
200 g	Müsli	0,25 €
375 ml	Milch	0,26 €
2 Tassen	Kakao	0,37 €
4 Tassen	Tee/Kaffee	0,40 €
	Summe	**2,76 €**

Mittagessen

Mediterraner Zucchini-Nudel-Auflauf

Menge	Zutaten	Preis
300 g	Makkaroni	0,42 €
1 TL	Salz	0,05 €
375 g	Paprika rot	0,74 €
500 g	Zucchini	0,60 €
200 g	Zwiebeln	0,09 €
3 Stück	Knoblauchzehen	0,21 €
4 EL	Speiseöl	0,20 €
1 Dose	gesch. Tomaten (425 g)	0,28 €
100 g	Tomatenmark	0,28 €
½ TL	Basilikum	0,04 €
1 Prise	Pfeffer	0,05 €
150 g	geriebener Edamer	0,98 €
2 l	Mineralwasser	0,25 €
	Summe	**4,19 €**

Zubereitung

Nudeln in Salzwasser bissfest garen und abgießen. Paprika und Zucchini putzen und waschen. Paprika in Würfel und Zuchini in Scheiben schneiden. Zwiebeln schälen und würfeln. Knoblauch schälen und zerdrücken. Beides in einer Pfanne in Öl glasig andünsten. Zucchini und Paprika zugeben und kurz mitdünsten. Tomaten zerteilen und mit Tomatenmark und Basilikum dazugeben. 10 Minuten köcheln lassen und mit Salz und Pfeffer abschmecken. Nudeln untermischen und alles in eine Auflaufform geben. Mit Käse bestreuen und im Ofen bei 180 Grad überbacken, bis der Käse schön goldbraun ist.

Abendessen

Menge	Zutaten	Preis
8 Scheiben	Graubrot	0,52 €
80 g	Margarine	0,14 €
4 Scheiben	Käse	0,64 €
400 g	Heringssalat	0,94 €
4 Becher	Pudding	0,76 €
4 Stück	Birnen	0,80 €
8 Tassen	Tee	0,80 €
	Summe	**4,60 €**

Gesamtsumme

11,55 €

Frühstück

Menge	Zutaten	Preis
8 Scheiben	Graubrot	0,52 €
80 g	Butter	0,28 €
100 g	Marmelade	0,20 €
4 Scheiben	Puten-Aufschnitt	0,66 €
200 g	Frischkäse	0,66 €
2 Tassen	Kakao	0,37 €
4 Tassen	Tee/Kaffee	0,40 €
	Summe	**3,09 €**

Mittagessen

Kartoffelpfanne „Uppsala" mit Spiegelei

Menge	Zutaten	Preis
800 g	Kartoffeln	0,38 €
50 g	Butter	0,18 €
500 ml	Milch	0,35 €
1 Prise	Salz	0,05 €
1 Prise	Pfeffer	0,05 €
8 Stück	Eier	1,00 €
1 Bund	Petersilie	0,59 €
1 Glas	Apfelmus (720 g)	0,99 €
2 l	Mineralwasser	0,25 €
	Summe	**3,84 €**

Zubereitung

Kartoffeln schälen und grob raspeln. In ein Geschirrtuch geben und den Saft ausdrücken. Etwas Butter in einer Pfanne zerlassen. Kartoffeln hineingeben, mit Milch übergießen, salzen und pfeffern. Im Backofen bei 200 Grad etwa 40 Minuten backen. Inzwischen die Spiegeleier in Butter braten. Auf die fertige Kartoffelpfanne legen. Mit gehackter Petersilie garnieren. Als Beilage Apfelmus reichen.

Abendessen

Menge	Zutaten	Preis
4 Scheiben	Vollkornbrot	0,26 €
4 Scheiben	Graubrot	0,26 €
80 g	Margarine	0,14 €
4 Scheiben	Käse	0,64 €
400 g	Fleischsalat	0,94 €
4 Stück	Tomaten	0,30 €
4 Glas	Saft	0,60 €
2 l	Mineralwasser	0,25 €
	Summe	**3,39 €**

Gesamtsumme

10,32 €

Frühstück

Menge	Zutaten	Preis
8 Stück	Brötchen	1,36 €
80 g	Butter	0,28 €
100 g	Honig	0,46 €
4 Scheiben	Lachsschinken	0,48 €
2 Tassen	Kakao	0,37 €
4 Tassen	Tee/Kaffee	0,40 €
	Summe	**3,35 €**

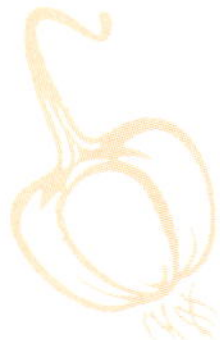

Mittagessen

Sizilianische Pizza

Menge	Zutaten	Preis
1 Dose	gesch. Tomaten (850 g)	0,55 €
3 Stück	Knoblauchzehen	0,21 €
5 EL	Olivenöl	0,25 €
50 g	Tomatenmark	0,14 €
1 TL	Oregano	0,15 €
1 EL	Zucker	0,01 €
1 Prise	Salz	0,05 €
1 Prise	Pfeffer	0,05 €
¾ Würfel	frische Hefe (30 g)	0,06 €
200 ml	Milch	0,14 €
350 g	Mehl	0,18 €
1 Stück	Ei	0,13 €
150 g	Zwiebeln	0,07 €
2 Tüten	ger. Parmesan (112 g)	2,38 €
2 l	Mineralwasser	0,25 €
	Summe	**4,62 €**

Zubereitung

Tomaten mit der Gabel zerdrücken. Knoblauch schälen und fein hacken. In einer Pfanne in etwas Öl andünsten. Tomaten, Tomatenmark, Oregano und Zucker dazugeben und ca. 30 Minuten köcheln lassen. Mit Salz und Pfeffer abschmecken. Hefe in lauwarmer Milch auflösen. Mehl in eine Schüssel sieben. Mit der Hefe-Milch, Salz und Ei verkneten. Ca. 40–60 Minuten an einem warmen Ort mit einem Tuch zugedeckt gehen lassen. Den Teig nochmals kneten. Ausrollen, auf ein Backblech legen und weitere 30 Minuten zugedeckt gehen lassen. Zwiebeln schälen und fein hacken. Nacheinander Tomatensoße, Zwiebelwürfel und Parmesan auf dem Teig verteilen. Im vorgeheiztem Backofen bei 220 Grad ca. 20–25 Minuten backen. Vor dem Servieren mit Olivenöl beträufeln.

Abendessen

Menge	Zutaten	Preis
8 Scheiben	Graubrot	0,52 €
80 g	Margarine	0,14 €
8 Scheiben	Käse	1,28 €
4 Stück	Tomaten	0,30 €
4 Stück	Äpfel	1,20 €
8 Tassen	Tee	0,80 €
	Summe	**4,24 €**

Gesamtsumme

12,21 €

Frühstück

Menge	Zutaten	Preis
4 Scheiben	Graubrot	0,26 €
40 g	Butter	0,14 €
50 g	Marmelade	0,10 €
200 g	Müsli	0,25 €
¾ l	Milch	0,52 €
4 Scheiben	Lachsschinken	0,48 €
4 Stück	Orangen	1,16 €
2 Tassen	Kakao	0,37 €
4 Tassen	Tee/Kaffee	0,40 €
	Summe	**3,68 €**

Mittagessen

Nürnberger Bauzn mit Apfelmus

Menge	Zutaten	Preis
1000 g	Kartoffeln	0,48 €
200 g	Zwiebeln	0,09 €
800 g	Äpfel	1,19 €
4 Stück	Eier	0,50 €
1 Prise	Salz	0,05 €
100 g	Zucker	0,09 €
300 g	Mehl	0,16 €
120 g	Schweineschmalz	0,22 €
2 Glas	Apfelmus (1440 g)	1,98 €
2 l	Mineralwasser	0,25 €
	Summe	**5,01 €**

Zubereitung

Kartoffeln in der Schale ca. 15 Minuten kochen. Pellen und durch eine Reibe drücken. Zwiebeln schälen und fein hacken. Äpfel schälen, entkernen und in kleine Würfel schneiden. Zwiebel- und Apfelwürfel mit Eiern, Salz und Zucker zu den Kartoffeln geben und alles gut verkneten. Dann so viel Mehl unterkneten, bis sich der Teig von den Händen löst. Aus dem Teig walnussgroße Röllchen formen und in Mehl wenden. Schmalz in einer Pfanne zerlassen. Die Bauzn rundum mit Schmalz bestreichen und auf ein Backblech legen. Ca. 30 Minuten bei 190 Grad im Ofen goldgelb backen. Dazu Apfelmus reichen.

Abendessen

Menge	Zutaten	Preis
4 Scheiben	Vollkornbrot	0,26 €
4 Scheiben	Graubrot	0,26 €
80 g	Margarine	0,14 €
4 Scheiben	Käse	0,64 €
400 g	Fleischsalat	0,94 €
4 Stück	Tomaten	0,30 €
4 Glas	Saft	0,60 €
2 l	Mineralwasser	0,25 €
	Summe	**3,39 €**

Gesamtsumme

12,08 €

Frühstück

Menge	Zutaten	Preis
8 Stück	Brötchen	1,36 €
80 g	Butter	0,28 €
100 g	Marmelade	0,20 €
4 Scheiben	Käse	0,64 €
4 Scheiben	Kochschinken	0,66 €
4 Becher	Joghurt	0,76 €
2 Tassen	Kakao	0,37 €
4 Tassen	Tee/Kaffee	0,40 €
4 Glas	Saft	0,60 €
	Summe	**5,27 €**

Mittagessen

Württembergische Zwetschgenknödel

Menge	Zutaten	Preis
500 g	Quark	0,86 €
½ Stück	Zitrone (unbehandelt)	0,13 €
2 Päckchen	Vanillezucker (16 g)	0,16 €
2 Prisen	Salz	0,10 €
150 g	Mehl	0,08 €
5 EL	Paniermehl	0,04 €
2 Stück	Eier	0,25 €
500 g	Zwetschgen	1,00 €
1 Glas	Pflaumenkompott (720 g)	0,89 €
2 l	Mineralwasser	0,25 €
	Summe	**3,76 €**

Zubereitung

Quark mit abgeriebener Zitronenschale, Vanillezucker, Salz, Mehl, Paniermehl und Eiern zu einem glatten Teig verarbeiten. Er sollte mit den Händen formbar sein, ohne zu kleben. Die Zwetschgen waschen, abtrocknen und halbieren. Dabei nicht ganz durchschneiden. Die Steine entfernen. Ein etwa walnussgroßes Stück Teig auf dem Handballen flach drücken. Je eine Zwetschge darauflegen und mit dem Teig umhüllen. Reichlich Salzwasser in einem Topf zum Kochen bringen. Die Knödel hineingeben und bei geringer Hitze ca. 15 Minuten sieden lassen. Dabei den Deckel etwas geöffnet lassen. Mit Pflaumenkompott servieren.

Abendessen

Menge	Zutaten	Preis
4 Scheiben	Schwarzbrot	0,26 €
4 Stück	Brötchen	0,68 €
80 g	Margarine	0,14 €
4 Scheiben	Käse	0,64 €
4 Scheiben	Kassler-Aufschnitt	0,86 €
1 Bund	Radieschen	0,49 €
8 Tassen	Früchtetee	0,80 €
	Summe	**3,87 €**

Gesamtsumme

12,90 €

Gerichte mit Fisch

Frühstück

Menge	Zutaten	Preis
8 Scheiben	Toastbrot	0,18 €
80 g	Butter	0,28 €
50 g	Nussnougatcreme	0,13 €
4 Scheiben	Käse	0,64 €
4 Stück	Birnen	0,80 €
2 Tassen	Kakao	0,37 €
4 Tassen	Tee/Kaffee	0,40 €
	Summe	**2,80 €**

Mittagessen

Seelachs auf Gemüsenudeln

Menge	Zutaten	Preis
250 g	Bandnudeln gelb	1,25 €
250 g	Bandnudeln grün	1,25 €
1 TL	Salz	0,05 €
250 g	Porree	0,50 €
500 g	Zucchini	0,60 €
5 EL	Speiseöl	0,25 €
400 g	Erbsen (TK)	0,98 €
200 g	Sahne	0,35 €
800 g	Seelachsfilet (TK)	2,71 €
1 Prise	Pfeffer	0,05 €
100 g	Mehl	0,05 €
2 l	Mineralwasser	0,25 €
	Summe	**8,29 €**

Zubereitung

Die Bandnudeln in Salzwasser bissfest garen und abgießen. Porree putzen, waschen und in Ringe schneiden. Zucchini waschen und in Scheiben schneiden. Gemüse in etwas Öl andünsten. Die Erbsen dazugeben. Etwas Wasser und Sahne zugießen und kurz aufkochen lassen. Mit Salz und Pfeffer abschmecken und fertig garen. Aufgetaute Seelachsfilets mit Salz und Pfeffer würzen und in Mehl wenden. In einer Pfanne in Öl von beiden Seiten anbraten. Nudeln unter die Gemüsesoße mischen und alles erwärmen. Auf Tellern verteilen und die Fischfilets darauf anrichten.

Abendessen

Menge	Zutaten	Preis
4 Scheiben	Vollkornbrot	0,26 €
4 Scheiben	Graubrot	0,26 €
80 g	Margarine	0,14 €
4 Scheiben	Käse	0,64 €
400 g	Fleischsalat	0,94 €
4 Stück	Tomaten	0,30 €
4 Glas	Saft	0,60 €
2 l	Mineralwasser	0,25 €
	Summe	**3,39 €**

Gesamtsumme

14,48 €

Frühstück

Menge	Zutaten	Preis
8 Stück	Brötchen	1,36 €
80 g	Butter	0,28 €
100 g	Marmelade	0,20 €
4 Scheiben	Käse	0,64 €
4 Stück	Äpfel	1,20 €
2 Tassen	Kakao	0,37 €
4 Tassen	Tee/Kaffee	0,40 €
	Summe	**4,45 €**

Mittagessen

Baskische Bohnenpfanne mit Thunfisch

Menge	Zutaten	Preis
1 Dose	weiße Bohnen (720 g)	1,25 €
200 g	Porree	0,26 €
400 g	Tomaten	0,36 €
1 Bund	Petersilie	0,59 €
3 Stück	Knoblauchzehen	0,21 €
1 Stück	Zitrone	0,25 €
5 EL	Speiseöl	0,25 €
1 TL	Zucker	0,01 €
1 Prise	Salz	0,05 €
1 Prise	Chilipfeffer	0,08 €
1 Dose	Thunfisch (195 g)	0,99 €
1 TL	Brühe (Instant)	0,02 €
3 Stück	Baguette (Aufback)	1,17 €
2 l	Mineralwasser	0,25 €
	Summe	**5,74 €**

Zubereitung

Bohnen in einem Sieb abgießen, abbrausen und abtropfen lassen. Porree putzen und waschen. Den weißen Teil in dünne Ringe, den Rest in 2 Zentimeter lange Stücke schneiden. Tomaten waschen und halbieren. Petersilie waschen und Blättchen fein hacken. Knoblauch schälen und in Scheibchen schneiden. Zitrone auspressen. Öl in einer Pfanne erhitzen. Porree und Knoblauch darin andünsten. Tomaten und Bohnen zufügen und mitbraten. Mit Zitronensaft, Zucker, Salz und Chilipfeffer würzen. Den Thunfisch mit einer Gabel zerpflücken und unterheben. Ca. ¼ Liter Brühe angießen und langsam erhitzen. Dazu Baguette reichen.

Abendessen

Menge	Zutaten	Preis
8 Scheiben	Graubrot	0,52 €
80 g	Margarine	0,14 €
4 Scheiben	Kassler-Aufschnitt	0,86 €
4 Stück	Rühreier	0,52 €
4 Stück	Tomaten	0,30 €
8 Tassen	Früchtetee	0,80 €
	Summe	**3,14 €**

Gesamtsumme

13,33 €

Frühstück

Menge	Zutaten	Preis
4 Stück	Brötchen	0,68 €
80 g	Butter	0,28 €
100 g	Honig	0,46 €
4 Scheiben	Käse	0,64 €
¾ l	Milch	0,52 €
200 g	Müsli	0,25 €
2 Tassen	Kakao	0,37 €
4 Tassen	Tee/Kaffee	0,40 €
	Summe	**3,60 €**

Mittagessen

Fischstäbchen-Auflauf „Käpt'n Blaubär"

Menge	Zutaten	Preis
450 g	Fischstäbchen (TK)	1,79 €
200 g	Zwiebeln	0,09 €
100 g	Paprika rot	0,20 €
3 EL	Speiseöl	0,15 €
1 Dose	gesch. Tomaten (850 g)	0,55 €
50 g	Tomatenmark	0,14 €
1 Prise	Salz	0,05 €
1 Prise	Pfeffer	0,05 €
150 g	Gouda am Stück	0,82 €
2 l	Mineralwasser	0,25 €
	Summe	**4,09 €**

Zubereitung

Fischstäbchen braten oder grillen, bis sie gar sind. Zwiebeln schälen und würfeln. Paprikaschote waschen, putzen und in Stücke schneiden. Zwiebel und Paprika in Öl andünsten. Tomaten waschen und klein schneiden. Mit Tomatenmark zum Gemüse geben. Salzen, pfeffern und ca. 5 Minuten garen. Die Fischstäbchen in Stücke schneiden und mit der Tomatensoße mischen. In eine gefettete Auflaufform geben und mit geriebenem Gouda bestreuen. Im vorgeheizten Backofen bei 180 Grad erhitzen, bis der Käse goldbraun ist.

Abendessen

Menge	Zutaten	Preis
4 Scheiben	Schwarzbrot	0,26 €
4 Stück	Brötchen	0,68 €
80 g	Margarine	0,14 €
4 Scheiben	Käse	0,64 €
4 Scheiben	Kassler-Aufschnitt	0,86 €
1 Bund	Radieschen	0,49 €
8 Tassen	Früchtetee	0,80 €
	Summe	**3,87 €**

Gesamtsumme

11,56 €

Frühstück

Menge	Zutaten	Preis
8 Scheiben	Toastbrot	0,18 €
80 g	Butter	0,28 €
50 g	Marmelade	0,10 €
50 g	Nussnougatcreme	0,13 €
4 Scheiben	Puten-Aufschnitt	0,66 €
4 Stück	Orangen	1,16 €
2 Tassen	Kakao	0,37 €
4 Tassen	Tee/Kaffee	0,40 €
	Summe	**3,28 €**

Mittagessen

Bandnudeln mit Seelachs à la Bologna

Menge	Zutaten	Preis
600 g	Seelachsfilet (TK)	2,03 €
1 Prise	Salz	0,05 €
40 g	Butter	0,14 €
200 g	Schmelzkäse	0,85 €
50 g	saure Sahne	0,07 €
200 g	Sahne	0,35 €
100 ml	Milch	0,07 €
½ Bund	Petersilie	0,30 €
½ TL	Basilikum	0,04 €
1 Prise	Pfeffer	0,05 €
500 g	Bandnudeln gelb	2,50 €
2 l	Mineralwasser	0,25 €
	Summe	**6,70 €**

Zubereitung

Aufgetauten Seelachs in kleine Stücke schneiden und salzen. In einer Pfanne in Butter leicht anbräunen und nach ca. 4 Minuten bei mittlerer Hitze zugedeckt garen. Für die Soße den Käse in einem Topf schmelzen. Saure Sahne, Sahne, Milch, etwas gehackte Petersilie und Basilikum dazugeben. Mit Salz und Pfeffer abschmecken. Die Bandnudeln in Salzwasser bissfest kochen. Nudeln auf Tellern anrichten. Lachsstücke darauflegen und die Soße darübergießen. Mit gehackter Petersilie bestreuen.

Abendessen

Menge	Zutaten	Preis
8 Scheiben	Graubrot	0,52 €
80 g	Margarine	0,14 €
200 g	Frischkäse	0,66 €
100 g	Thüringer Mett	0,49 €
1 Bund	Radieschen	0,49 €
2 l	Mineralwasser	0,25 €
	Summe	**2,55 €**

Gesamtsumme

12,53 €

Frühstück

Menge	Zutaten	Preis
8 Stück	Brötchen	1,36 €
80 g	Butter	0,28 €
100 g	Honig	0,46 €
4 Scheiben	Käse	0,64 €
4 Stück	Eier	0,52 €
2 Tassen	Kakao	0,37 €
4 Tassen	Tee/Kaffee	0,40 €
	Summe	**4,03 €**

Mittagessen

Fischfrikadellen in Gurken-Paprika-Soße

Menge	Zutaten	Preis
750 g	Fischfilet (TK)	2,54 €
100 g	Zwiebeln	0,05 €
200 g	Toastbrot	0,18 €
1 Stück	Ei	0,13 €
20 g	getr. Dill-Kräuter	0,14 €
1 Prise	Salz	0,05 €
1 Prise	Pfeffer	0,05 €
40 g	Butter	0,14 €
2 EL	Mehl	0,01 €
300 ml	Milch	0,21 €
1 Glas	Gewürzgurken (120 g)	0,11 €
100 g	Paprika rot	0,20 €
800 g	Kartoffeln	0,38 €
2 l	Mineralwasser	0,25 €
	Summe	**4,44 €**

Zubereitung

Aufgetautes Fischfilet in ganz kleine Stücke schneiden (evtl. pürieren). Zwiebeln schälen und fein würfeln. Toastbrot fein zerreiben und mit Fisch, Zwiebelwürfeln, Ei, Dill, Salz und Pfeffer mischen. Flache Frikadellen formen und in Butter goldbraun braten. Herausnehmen und warm stellen. Bratensatz mit Mehl bestäuben und kurz anschwitzen. Mit Milch ablöschen. Gewürzgurken grob raspeln. Paprika waschen, putzen und in feine Streifen schneiden. Beides zur Soße geben, 5 Minuten ziehen lassen und abschmecken. Frikadellen mit der Soße anrichten. Dazu Salz- oder Pellkartoffeln reichen.

Abendessen

Menge	Zutaten	Preis
8 Scheiben	Graubrot	0,52 €
80 g	Margarine	0,14 €
4 Scheiben	Käse	0,64 €
400 g	Heringssalat	0,94 €
4 Stück	Gewürzgurken	0,22 €
8 Tassen	Früchtetee	0,80 €
	Summe	**3,26 €**

Gesamtsumme
11,73 €

Frühstück

Menge	Zutaten	Preis
8 Scheiben	Toastbrot	0,18 €
80 g	Butter	0,28 €
50 g	Nussnougatcreme	0,13 €
50 g	Honig	0,23 €
4 Scheiben	Lachsschinken	0,48 €
4 Becher	Joghurt	0,76 €
2 Tassen	Kakao	0,37 €
4 Tassen	Tee/Kaffee	0,40 €
	Summe	**2,83 €**

Mittagessen

Kampener Lachs-Rösti

Menge	Zutaten	Preis
1000 g	Kartoffeln	0,48 €
1 Prise	Salz	0,05 €
1 Prise	Pfeffer	0,05 €
½ TL	Muskat	0,05 €
100 ml	Speiseöl	0,50 €
200 g	Sahne	0,35 €
50 g	Meerrettich (Glas)	0,45 €
2 EL	Zitronensaft	0,05 €
300 g	Räucherlachs	4,19 €
1 Stück	Zitrone	0,25 €
2 l	Mineralwasser	0,25 €
	Summe	**6,67 €**

Zubereitung

Kartoffeln schälen, waschen und auf einer Reibe grob raspeln. In einem Küchentuch ausdrücken. Mit Salz, Pfeffer und Muskat würzen. Etwas Öl in einer Pfanne erhitzen. 3–4 Kartoffelkleckse hineingeben und bei mittlerer Hitze auf beiden Seiten je ca. 4 Minuten braten. Warm stellen und die übrigen Rösti braten. Sahne mit dem Meerrettich steif schlagen. Mit Salz, Pfeffer und Zitronensaft abschmecken. Rösti und Lachs auf Tellern anrichten. Mit der Sahne-Meerrettich-Soße und Zitronenschnitzen garnieren.

Abendessen

Menge	Zutaten	Preis
4 Scheiben	Schwarzbrot	0,26 €
4 Stück	Brötchen	0,68 €
80 g	Margarine	0,14 €
4 Scheiben	Käse	0,64 €
4 Scheiben	Kassler-Aufschnitt	0,86 €
1 Bund	Radieschen	0,49 €
8 Tassen	Früchtetee	0,80 €
	Summe	**3,87 €**

Gesamtsumme

13,37 €

Frühstück

Menge	Zutaten	Preis
8 Scheiben	Graubrot	0,52 €
80 g	Butter	0,28 €
100 g	Marmelade	0,20 €
4 Scheiben	Käse	0,64 €
4 Becher	Joghurt	0,76 €
2 Tassen	Kakao	0,37 €
4 Tassen	Tee/Kaffee	0,40 €
	Summe	**3,17 €**

Mittagessen

Veddeler Pannfisch

Menge	Zutaten	Preis
1000 g	Kartoffeln	0,48 €
150 g	Zwiebeln	0,07 €
5 EL	Essig	0,02 €
5 Stück	Lorbeerblätter	0,17 €
1 Prise	Pfeffer	0,05 €
1000 g	Seelachsfilet (TK)	3,39 €
100 g	Butter	0,35 €
100 g	durchwachsener Speck	0,43 €
200 g	Sahne	0,35 €
500 ml	Milch	0,35 €
3 EL	Mehl	0,02 €
1 Prise	Salz	0,05 €
50 g	Senf	0,09 €
2 l	Mineralwasser	0,25 €
	Summe	**6,07 €**

Zubereitung

Kartoffeln in der Schale gar kochen. Noch heiß pellen, abkühlen lassen und in Scheiben schneiden. 2 Zwiebeln schälen und vierteln. ½ Liter Wasser erhitzen. Essig, Zwiebeln, Lorbeerblätter und Pfeffer hineingeben und den Fisch darin bei geringer Hitze 15 Minuten garen. Etwas Butter erhitzen, den Fisch goldgelb anbraten und in mundgerechte Stücke schneiden. Übrige Zwiebeln schälen und würfeln. Speck würfeln und mit den Zwiebeln in Butter anbraten. Mit Sahne, Milch und Fischsud ablöschen. Die restliche Butter mit Mehl verkneten und stückchenweise unterrühren. Die Soße zum Kochen bringen und mit Salz, Pfeffer und Senf abschmecken. Kartoffeln und Fisch schichtweise in eine Form füllen. Die Soße darübergießen und kurz im Backofen bei 170 Grad erwärmen.

Abendessen

Menge	Zutaten	Preis
8 Stück	Brötchen	1,36 €
80 g	Margarine	0,14 €
4 Scheiben	Kochschinken	0,66 €
200 g	Frischkäse	0,66 €
4 Stück	Äpfel	1,20 €
8 Tassen	Tee	0,80 €
	Summe	**4,82 €**

Gesamtsumme
14,06 €

Suppen

Frühstück

Menge	Zutaten	Preis
6 Stück	Brötchen	1,02 €
60 g	Butter	0,21 €
50 g	Honig	0,23 €
4 Scheiben	Kochschinken	0,66 €
200 g	Cornflakes	0,25 €
375 ml	Milch	0,26 €
2 Tassen	Kakao	0,37 €
4 Tassen	Tee/Kaffee	0,40 €
	Summe	**3,40 €**

Mittagessen

Buchstabensuppe mit Huhn

Menge	Zutaten	Preis
150 g	Buchstabennudeln	0,42 €
400 g	Hähnchenbrust	2,00 €
5 EL	Speiseöl	0,25 €
150 g	Möhren	0,09 €
100 g	Paprika gelb	0,20 €
100 g	Paprika rot	0,20 €
250 g	Porree	0,50 €
200 g	Zucchini	0,24 €
4 TL	Brühe (Instant)	0,08 €
1 Prise	Salz	0,05 €
1 Prise	Pfeffer	0,05 €
½ TL	Muskat	0,05 €
2 l	Mineralwasser	0,25 €
	Summe	**4,38 €**

Zubereitung

Nudeln nach Packungsanleitung bissfest kochen, abgießen und abschrecken. Hähnchen in kleine Stücke schneiden, in der Hälfte des Öls kurz anbraten und beiseitestellen. Möhren schälen. Übriges Gemüse waschen und putzen. Möhren, Paprika, Porree und Zucchini in feine Streifen bzw. kleine Stücke schneiden. Im restlichen Öl anschwitzen. 1 Liter Wasser dazugießen, aufkochen lassen und Brühe hinzugeben. Hitze reduzieren, Nudeln und Hähnchenstücke hineingeben und erwärmen. Mit Salz, Pfeffer und Muskat abschmecken.

Abendessen

Menge	Zutaten	Preis
8 Scheiben	Graubrot	0,52 €
80 g	Margarine	0,14 €
8 Scheiben	Käse	1,28 €
4 Stück	Tomaten	0,30 €
4 Stück	Äpfel	1,20 €
8 Tassen	Tee	0,80 €
	Summe	**4,24 €**

Gesamtsumme

12,02 €

Frühstück

Menge	Zutaten	Preis
4 Stück	Brötchen	0,68 €
40 g	Butter	0,14 €
4 Scheiben	Kochschinken	0,66 €
200 g	Müsli	0,25 €
375 ml	Milch	0,26 €
8 Tassen	Tee/Kaffee	0,80 €
	Summe	**2,79 €**

Mittagessen

Südtiroler Gemüsesuppe

Menge	Zutaten	Preis
200 g	grüne Bohnen (TK)	0,40 €
200 g	Möhren	0,12 €
250 g	Porree	0,50 €
150 g	Tomaten	0,13 €
200 g	Wirsingkohl	0,20 €
200 g	Zucchini	0,24 €
150 g	durchwachsener Speck	0,65 €
5 EL	Speiseöl	0,25 €
150 g	Zwiebeln	0,07 €
2 Stück	Knoblauchzehen	0,14 €
1 Prise	Paprikapulver	0,05 €
1 Prise	Salz	0,05 €
1 Prise	Pfeffer	0,05 €
4 EL	Brühe (Instant)	0,17 €
200 g	Tortellini-Nudeln	0,60 €
1 Tüte	ger. Parmesan (56 g)	1,19 €
	Summe	**4,81 €**

Zubereitung

Das Gemüse putzen, waschen und in kleine Stücke schneiden. Speck würfeln und im Öl glasig ausbraten. Zwiebeln und Knoblauch schälen, würfeln und mit dem Gemüse dazugeben. Kurz anbraten und mit Paprikapulver, Salz und Pfeffer würzen. 2 Liter Wasser angießen, aufkochen lassen und Instantbrühe hinzugeben. Ca. 45 Minuten köcheln lassen. Tortellini gesondert nach Packungsanweisung gar kochen, abtropfen lassen und in die Suppe geben. Dazu Parmesankäse reichen.

Abendessen

Menge	Zutaten	Preis
8 Scheiben	Graubrot	0,52 €
80 g	Margarine	0,14 €
4 Scheiben	Käse	0,64 €
400 g	Heringssalat	0,94 €
4 Stück	Birnen	0,80 €
8 Tassen	Tee	0,80 €
	Summe	**3,84 €**

Gesamtsumme

11,44 €

Frühstück

Menge	Zutaten	Preis
8 Scheiben	Graubrot	0,52 €
80 g	Butter	0,28 €
100 g	Marmelade	0,20 €
4 Scheiben	Puten-Aufschnitt	0,66 €
200 g	Frischkäse	0,66 €
2 Tassen	Kakao	0,37 €
4 Tassen	Tee/Kaffee	0,40 €
	Summe	**3,09 €**

Mittagessen

Friesische Gulaschsuppe

Menge	Zutaten	Preis
500 g	Rindergulasch	3,00 €
400 g	Zwiebeln	0,18 €
5 EL	Speiseöl	0,25 €
1 EL	Paprikapulver	0,10 €
100 g	Tomatenmark	0,28 €
1 Prise	Salz	0,05 €
2 Stück	Knoblauchzehen	0,14 €
1 TL	Majoran	0,05 €
250 g	Kartoffeln	0,12 €
150 g	Paprika rot	0,30 €
150 g	Tomaten	0,13 €
1 Dose	Champignons (600 g)	0,90 €
1 Prise	Pfeffer	0,05 €
2 Stück	Baguette	0,78 €
2 l	Mineralwasser	0,25 €
	Summe	**6,58 €**

Zubereitung

Rindfleisch, wenn nötig, in mundgerechte Stücke schneiden. Zwiebeln schälen, würfeln und im Öl anbraten. Paprikapulver darüberstreuen. Das Fleisch und Tomatenmark dazugeben, salzen und unter Rühren ziehen lassen. Etwas Wasser angießen und im geschlossenen Topf fast gar kochen. Knoblauch schälen, würfeln und mit dem Majoran hinzugeben. Geschälte Kartoffeln, Paprika und Tomaten würfeln und mit den Champignons zum Fleisch geben. Wasser angießen und fertig garen. Mit Salz und Pfeffer abschmecken. Dazu Baguette reichen.

Abendessen

Menge	Zutaten	Preis
8 Stück	Brötchen	1,36 €
80 g	Margarine	0,14 €
4 Scheiben	Kochschinken	0,66 €
200 g	Frischkäse	0,66 €
8 Tassen	Tee	0,80 €
	Summe	**3,62 €**

Gesamtsumme
13,29 €

Frühstück

Menge	Zutaten	Preis
8 Stück	Brötchen	1,36 €
80 g	Butter	0,28 €
100 g	Honig	0,46 €
4 Scheiben	Lachsschinken	0,48 €
4 Stück	Eier	0,52 €
2 Tassen	Kakao	0,37 €
4 Tassen	Tee/Kaffee	0,40 €
	Summe	**3,87 €**

Mittagessen

Rotmooser Almsuppe mit Würstchen

Menge	Zutaten	Preis
200 g	Reis	0,20 €
100 g	Zwiebeln	0,05 €
60 g	Butter	0,21 €
4 TL	Brühe (Instant)	0,08 €
4 Stück	Mettwürstchen (300 g)	1,59 €
200 g	Joghurt	0,19 €
2 EL	Mehl	0,01 €
3 Stück	Eier	0,38 €
1 Prise	Salz	0,05 €
1 Prise	Pfeffer	0,05 €
1 Stück	Zitrone	0,25 €
2 l	Mineralwasser	0,25 €
	Summe	**3,31 €**

Zubereitung

Reis unter fließendem Wasser waschen und abtropfen lassen. Zwiebeln schälen und würfeln. Butter in einem Topf zerlassen und Zwiebelwürfel darin glasig andünsten. 1 Liter Wasser angießen und aufkochen lassen. Instantbrühe und Reis dazugeben. Mettwürstchen in Scheiben schneiden und hinzufügen. Etwa 15 Minuten kochen, bis der Reis gar ist. Joghurt in einer Schüssel mit Mehl und 3 Eigelb verrühren. Ein paar Löffel Brühe einrühren. Suppe vom Herd nehmen und die Joghurtmischung unterrühren. Suppe nochmals erhitzen, aber nicht aufkochen lassen. Mit Salz, Pfeffer und Saft der Zitrone abschmecken.

Abendessen

Menge	Zutaten	Preis
4 Scheiben	Vollkornbrot	0,26 €
4 Scheiben	Graubrot	0,26 €
80 g	Margarine	0,14 €
4 Scheiben	Käse	0,64 €
400 g	Fleischsalat	0,94 €
4 Stück	Tomaten	0,30 €
4 Glas	Saft	0,60 €
2 l	Mineralwasser	0,25 €
	Summe	**3,39 €**

Gesamtsumme

10,57 €

Frühstück

Menge	Zutaten	Preis
4 Scheiben	Graubrot	0,26 €
40 g	Butter	0,14 €
50 g	Marmelade	0,10 €
200 g	Müsli	0,25 €
¾ l	Milch	0,52 €
4 Scheiben	Lachsschinken	0,48 €
4 Stück	Orangen	1,16 €
4 Tassen	Tee/Kaffee	0,80 €
	Summe	**3,71 €**

Mittagessen

Stralsunder Kartoffelsuppe

Menge	Zutaten	Preis
200 g	Backpflaumen	1,35 €
700 g	Kartoffeln	0,34 €
1 Bund	Suppengrün	1,19 €
200 g	Möhren	0,12 €
150 g	Zwiebeln	0,07 €
25 g	Butter	0,09 €
4 TL	Brühe (Instant)	0,08 €
1 Prise	Salz	0,05 €
1 Prise	Pfeffer	0,05 €
1 TL	Majoran	0,05 €
200 g	durchwachsener Speck	0,86 €
1 Bund	Petersilie	0,59 €
2 l	Mineralwasser	0,25 €
	Summe	**5,09 €**

Zubereitung

Backpflaumen in Wasser einweichen. Kartoffeln, Suppengrün und Möhren schälen und in Würfel schneiden. Zwiebeln schälen und achteln. Alles in einem Topf in zerlassener Butter andünsten, aber nicht braun werden lassen. 1 Liter Wasser angießen, aufkochen lassen und Instantbrühe einrühren. Mit Salz, Pfeffer und Majoran würzen und garen. Speck in einer Pfanne auslassen. Die Hälfte des Specks in die Suppe geben. Alles mit einem Pürierstab oder Kartoffelstampfer grob zerkleinern. Den restlichen Speck und Backpflaumen dazugeben. Mit gehackter Petersilie bestreut servieren.

Abendessen

Menge	Zutaten	Preis
8 Scheiben	Graubrot	0,52 €
80 g	Margarine	0,14 €
4 Scheiben	Kassler-Aufschnitt	0,86 €
4 Stück	Rühreier	0,52 €
4 Stück	Tomaten	0,30 €
8 Tassen	Früchtetee	0,80 €
	Summe	**3,14 €**

Gesamtsumme
11,94 €

Frühstück

Menge	Zutaten	Preis
8 Stück	Brötchen	1,36 €
80 g	Butter	0,28 €
100 g	Marmelade	0,20 €
4 Scheiben	Käse	0,64 €
4 Scheiben	Kochschinken	0,66 €
4 Becher	Joghurt	0,76 €
2 Tassen	Kakao	0,37 €
4 Tassen	Tee/Kaffee	0,40 €
4 Glas	Saft	0,60 €
	Summe	**5,27 €**

Mittagessen

Brokkolisuppe mit Lachsstreifen

Menge	Zutaten	Preis
500 g	Brokkoli	0,90 €
100 g	Zwiebeln	0,05 €
25 g	Butter	0,09 €
4 TL	Brühe (Instant)	0,08 €
25 g	Pinienkerne	0,80 €
200 g	Räucherlachs	2,79 €
100 g	Crème fraîche	0,30 €
1 Prise	Salz	0,05 €
1 Prise	Pfeffer	0,05 €
1 Prise	Muskat	0,05 €
2 l	Mineralwasser	0,25 €
	Summe	**5,41 €**

Zubereitung

Brokkoli putzen und waschen. In Röschen teilen, dicke Stiele klein schneiden. Zwiebeln schälen, würfeln und in zerlassener Butter andünsten. 1 Liter Wasser angießen, aufkochen lassen und Instantbrühe einrühren. Brokkoli darin ca. 10 Minuten garen. Nach 5 Minuten ein paar Brokkoliröschen herausnehmen, unter kaltem Wasser abschrecken und beiseitelegen. Pinienkerne in einer Pfanne ohne Fett anrösten. Den Räucherlachs in Streifen schneiden. Die Suppe pürieren, Crème fraîche unterrühren und kurz aufkochen lassen. Mit Salz, Pfeffer und Muskat abschmecken. Mit Brokkoliröschen, Pinienkernen und Räucherlachs servieren.

Abendessen

Menge	Zutaten	Preis
8 Scheiben	Graubrot	0,64 €
80 g	Margarine	0,14 €
200 g	Frischkäse	0,66 €
400 g	Fleischsalat	0,94 €
1 Stück	Salatgurke	0,49 €
4 Glas	Apfelschorle	0,13 €
4 Tassen	Tee	0,40 €
	Summe	**3,40 €**

Gesamtsumme
14,08 €

Frühstück

Menge	Zutaten	Preis
8 Scheiben	Toastbrot	0,18 €
80 g	Butter	0,28 €
50 g	Nussnougatcreme	0,13 €
4 Scheiben	Käse	0,64 €
4 Stück	Birnen	0,80 €
8 Tassen	Tee/Kaffee	0,80 €
	Summe	**2,83 €**

Mittagessen

Aalborger Gemüsegarten-Suppe

Menge	Zutaten	Preis
300 g	Porree	0,39 €
200 g	Möhren	0,12 €
200 g	Zwiebeln	0,09 €
30 g	Butter	0,10 €
3 TL	Brühe (Instant)	0,06 €
500 ml	Milch	0,35 €
1 TL	Thymian	0,10 €
200 g	Erbsen (TK)	0,49 €
100 g	Sahne	0,20 €
1 Prise	Salz	0,05 €
1 Prise	Pfeffer	0,05 €
1 Bund	Schnittlauch	0,88 €
1 Bund	Petersilie	0,59 €
50 g	geriebener Edamer	0,33 €
2 l	Mineralwasser	0,25 €
	Summe	**4,05 €**

Zubereitung

Porree, Möhren und Zwiebeln putzen, schälen und in Scheiben schneiden. In einem Topf in Butter andünsten. ½ Liter Wasser angießen, aufkochen und Instantbrühe einrühren. Milch und Thymian dazugeben und ca. 10 Minuten köcheln lassen. Erbsen und Sahne hinzufügen und weitere 10 Minuten köcheln. Mit Salz und Pfeffer abschmecken. Schnittlauch und Petersilie hacken und in die Suppe rühren. Auf Teller verteilen und mit geriebenem Käse bestreuen.

Abendessen

Menge	Zutaten	Preis
8 Scheiben	Graubrot	0,52 €
80 g	Margarine	0,14 €
200 g	Frischkäse	0,66 €
100 g	Thüringer Mett	0,49 €
1 Bund	Radieschen	0,49 €
2 l	Mineralwasser	0,25 €
	Summe	**2,55**

Gesamtsumme

9,43 €

Eintöpfe

Frühstück

Menge	Zutaten	Preis
8 Stück	Brötchen	1,36 €
80 g	Butter	0,28 €
100 g	Marmelade	0,20 €
4 Scheiben	Käse	0,64 €
4 Becher	Joghurt	0,76 €
4 Stück	Äpfel	1,20 €
8 Tassen	Tee/Kaffee	0,80 €
	Summe	**5,24 €**

Mittagessen

Chili con Carne

Menge	Zutaten	Preis
600 g	gemischtes Hackfleisch	2,03 €
5 EL	Speiseöl	0,25 €
150 g	Zwiebeln	0,07 €
3 Stück	Knoblauchzehen	0,21 €
100 g	Tomatenmark	0,28 €
1 Dose	gesch. Tomaten (850 g)	0,55 €
1 Prise	Salz	0,05 €
1 Prise	Pfeffer	0,05 €
2 TL	Brühe (Instant)	0,04 €
1 Dose	Kidneybohnen (400 g)	0,99 €
1 Dose	weiße Bohnen (720 g)	1,25 €
25 g	Chilischoten	0,26 €
250 g	Reis	0,25 €
2 l	Mineralwasser	0,25 €
	Summe	**6,53 €**

Zubereitung

Hackfleisch im heißen Öl scharf anbraten. Zwiebeln und Knoblauch schälen, fein würfeln und dazugeben. Tomatenmark hinzufügen und leicht anrösten. Tomaten waschen, in Stücke schneiden und mit dem Saft zum Fleisch geben. Salzen und pfeffern. Etwa 1 Stunde garen, dabei nach und nach ½ Liter Brühe hinzugießen. Dann die Bohnen abtropfen lassen und dazugeben. Chilischote entkernen, klein schneiden und hinzufügen. Einmal aufkochen lassen und wenn nötig mit Salz abschmecken. Reis nach Packungsanweisung zubereiten und dazu servieren.

Abendessen

Menge	Zutaten	Preis
4 Scheiben	Schwarzbrot	0,26 €
2 Stück	Brötchen	0,34 €
80 g	Margarine	0,14 €
12 Scheiben	Truthahn-Aufschnitt	0,84 €
4 Stück	Spiegeleier	0,52 €
2 l	Mineralwasser	0,25 €
	Summe	**2,35 €**

Gesamtsumme

14,12 €

Frühstück

Menge	Zutaten	Preis
4 Stück	Brötchen	0,68 €
80 g	Butter	0,28 €
100 g	Honig	0,46 €
4 Scheiben	Käse	0,64 €
¾ l	Milch	0,52 €
200 g	Müsli	0,25 €
2 Tassen	Kakao	0,37 €
4 Tassen	Tee/Kaffee	0,40 €
	Summe	**3,60 €**

Mittagessen

Geester Möhreneintopf

Menge	Zutaten	Preis
200 g	durchwachsener Speck	0,86 €
500 g	Kartoffeln	0,24 €
750 g	Möhren	0,44 €
100 g	Zwiebeln	0,05 €
4 TL	Brühe (Instant)	0,08 €
1 Prise	Salz	0,05 €
1 Prise	Pfeffer	0,05 €
100 g	saure Sahne	0,15 €
1 Bund	Petersilie	0,59 €
2 l	Mineralwasser	0,25 €
	Summe	**2,76 €**

Zubereitung

Speck würfeln und in einem Topf auslassen. Kartoffeln, Möhren und Zwiebeln schälen und würfeln. Dazugeben und kurz anrösten. 1 Liter Wasser dazugießen, aufkochen und Instantbrühe einrühren. Mit Salz und Pfeffer abschmecken. Bei geschlossenem Deckel etwa ½ Stunde köcheln lassen. Die saure Sahne unterrühren und mit gehackter Petersilie bestreut servieren.

Abendessen

Menge	Zutaten	Preis
4 Scheiben	Vollkornbrot	0,26 €
4 Scheiben	Graubrot	0,26 €
80 g	Margarine	0,14 €
4 Scheiben	Käse	0,64 €
400 g	Fleischsalat	0,94 €
4 Stück	Tomaten	0,30 €
4 Glas	Saft	0,60 €
2 l	Mineralwasser	0,25 €
	Summe	**3,39 €**

Gesamtsumme

9,75 €

Frühstück

Menge	Zutaten	Preis
8 Scheiben	Toastbrot	0,18 €
80 g	Butter	0,28 €
50 g	Marmelade	0,10 €
50 g	Nussnougatcreme	0,13 €
4 Scheiben	Puten-Aufschnitt	0,66 €
4 Stück	Orangen	1,16 €
8 Tassen	Tee/Kaffee	0,80 €
	Summe	**3,31 €**

Mittagessen

Dalmatinischer Gulascheintopf

Menge	Zutaten	Preis
500 g	Schweinegulasch	2,49 €
400 g	Zwiebeln	0,18 €
100 ml	Speiseöl	0,50 €
400 g	Reis	0,39 €
4 TL	Brühe (Instant)	0,08 €
200 g	Paprika grün	0,40 €
200 g	Paprika rot	0,40 €
1 Bund	Suppengrün	1,19 €
1 Dose	gesch. Tomaten (850 g)	0,55 €
3 Stück	Knoblauchzehen	0,21 €
100 g	Joghurt	0,10 €
1 Prise	Salz	0,05 €
1 Prise	Pfeffer	0,05 €
2 l	Mineralwasser	0,25 €
	Summe	**6,84 €**

Zubereitung

Das Fleisch wenn nötig in mundgerechte Stücke schneiden. Zwiebeln schälen und hacken. Beides in einem Topf in etwas Öl anbraten. In einem zweiten Topf den Reis in Öl glasig andünsten, mit 1 Liter Brühe ablöschen und 5 Minuten kochen. Paprika und Suppengrün putzen, waschen und klein schneiden. Mit den Tomaten und zerdrücktem Knoblauch zu dem Fleisch geben und andünsten. Die Reisbrühe und den Joghurt dazugeben. Mit Salz und Pfeffer würzen und bei mittlerer Hitze 1 Stunde köcheln lassen. Nochmals abschmecken und servieren.

Abendessen

Menge	Zutaten	Preis
8 Scheiben	Graubrot	0,52 €
80 g	Margarine	0,14 €
8 Scheiben	Käse	1,28 €
4 Stück	Tomaten	0,30 €
4 Stück	Äpfel	1,20 €
8 Tassen	Tee	0,80 €
	Summe	**4,24 €**

Gesamtsumme
14,39 €

Frühstück

Menge	Zutaten	Preis
8 Stück	Brötchen	1,36 €
80 g	Butter	0,28 €
100 g	Honig	0,46 €
4 Scheiben	Käse	0,64 €
4 Stück	Eier	0,52 €
2 Tassen	Kakao	0,37 €
4 Tassen	Tee/Kaffee	0,40 €
	Summe	**4,03 €**

Mittagessen

Hamburger „Schnüsch" mit Würstchen

Menge	Zutaten	Preis
250 g	Kartoffeln	0,12 €
250 g	Möhren	0,15 €
1 Dose	weiße Bohnen (300 g)	0,50 €
200 g	Erbsen (TK)	0,49 €
50 g	Butter	0,17 €
2 ½ EL	Mehl	0,02 €
500 ml	Milch	0,35 €
1 Prise	Salz	0,05 €
1 Prise	Pfeffer	0,05 €
4 Stück	Wiener Würstchen	2,00 €
1 Bund	Petersilie	0,59 €
2 l	Mineralwasser	0,25 €
	Summe	**4,74 €**

Zubereitung

Kartoffeln in der Schale gar kochen, pellen und in Scheiben schneiden. Möhren schälen und in Stücke schneiden. Mit den weißen Bohnen und Erbsen in Wasser garen. Abgießen und dabei 1/8 Liter Sud aufbewahren. Die Hälfte der Butter in einem Topf zergehen lassen. Mehl hinzufügen und anschwitzen. Mit dem Sud und Milch auffüllen. Aufkochen lassen und das ganze Gemüse hineingeben. Nochmals aufkochen, dann die Hitze reduzieren und die übrige Butter in Flocken einrühren. Salzen und pfeffern. Würstchen in heißem Wasser erhitzen. Suppe auf Teller verteilen, Würstchen dazugeben und mit gehackter Petersilie bestreut servieren.

Abendessen

Menge	Zutaten	Preis
4 Scheiben	Schwarzbrot	0,26 €
4 Stück	Brötchen	0,68 €
80 g	Margarine	0,14 €
4 Scheiben	Käse	0,64 €
4 Scheiben	Kassler-Aufschnitt	0,86 €
1 Bund	Radieschen	0,49 €
8 Tassen	Früchtetee	0,80 €
	Summe	**3,87 €**

Gesamtsumme

12,64 €

Frühstück

Menge	Zutaten	Preis
8 Scheiben	Toastbrot	0,18 €
80 g	Butter	0,28 €
50 g	Nussnougatcreme	0,13 €
50 g	Honig	0,23 €
4 Scheiben	Lachsschinken	0,48 €
4 Becher	Joghurt	0,76 €
2 Tassen	Kakao	0,37 €
4 Tassen	Tee/Kaffee	0,40 €
	Summe	**2,83 €**

Mittagessen

Amsterdamer Möhreneintopf mit Rind

Menge	Zutaten	Preis
600 g	Rindfleisch	4,19 €
2 ½ TL	Brühe (Instant)	0,06 €
750 g	Kartoffeln	0,36 €
400 g	Zwiebeln	0,18 €
300 g	Möhren	0,18 €
1 Prise	Salz	0,05 €
1 Prise	Pfeffer	0,05 €
50 g	Senf	0,09 €
2 l	Mineralwasser	0,25 €
	Summe	**5,41 €**

Zubereitung

Das Fleisch ca. 1 ½ Stunden in ¾ Liter Brühe garen. Nach einer ¾ Stunde Kartoffeln, Zwiebeln und Möhren schälen. Möhren in Stücke schneiden und mit Zwiebelringen in etwas Wasser gar kochen. Kartoffeln getrennt kochen. Möhren, Zwiebeln und Kartoffeln abgießen und zerstampfen. Mit Salz und Pfeffer abschmecken. Das Fleisch aus der Brühe nehmen und in Scheiben schneiden. Mit dem Senf zum Gemüse reichen.

Abendessen

Menge	Zutaten	Preis
8 Scheiben	Graubrot	0,52 €
80 g	Margarine	0,14 €
4 Scheiben	Kassler-Aufschnitt	0,86 €
4 Scheiben	Käse	0,64 €
1 Stück	Salatgurke	0,49 €
4 Stück	Pudding	0,76 €
4 Tassen	Früchtetee	0,40 €
2 l	Mineralwasser	0,25 €
	Summe	**4,06 €**

Gesamtsumme
12,30 €

Salate als Beilage

Diese Salate können Sie nach Wunsch zusätzlich zu den Gerichten reichen.

Apfel-Möhren-Salat „Wilde Kerle"

Menge	Zutaten	Preis
300 g	Möhren	0,18 €
250 g	Äpfel	0,37 €
30 ml	Zitronensaft	0,07 €
5 EL	Speiseöl	0,25 €
50 g	Honig	0,22 €
1 Prise	Salz	0,05 €
1 Prise	Pfeffer	0,05 €
	Summe	**1,19 €**

Zubereitung

Möhren waschen, schälen und reiben. Äpfel waschen, schälen und entkernen. Ein paar Spritzer Zitronensaft in eine Schüssel mit Wasser geben und Äpfel hineinlegen, damit sie nicht braun werden. Äpfel raspeln und zu den Möhren geben. Restlichen Zitronensaft, 2 EL Wasser und Salatöl untermengen. Honig zufügen und mit Salz und Pfeffer abschmecken. ½ bis 1 Stunde durchziehen lassen.

Emmas Kopfsalat mit Schinken-Dressing

Menge	Zutaten	Preis
1 Stück	Kopfsalat	0,79 €
100 g	Zwiebeln	0,05 €
5 EL	Speiseöl	0,25 €
50 g	Schinken	0,32 €
1 Prise	Salz	0,05 €
1 Prise	Pfeffer	0,05 €
20 g	Zucker	0,02 €
2 EL	Essig	0,01 €
2 EL	Zitronensaft	0,05 €
	Summe	**1,59 €**

Zubereitung

Den Salat in mundgerechte Stücke zupfen, waschen, abtropfen lassen bzw. trocken schleudern. Zwiebel schälen und in kleine Würfel schneiden. Etwas Öl in einer Pfanne erhitzen, den gewürfelten Schinken und die Zwiebelwürfel darin kurz anbraten. Dann in eine Schüssel geben und abkühlen lassen. Mit Salz, Pfeffer, Zucker, Essig und Zitronensaft abschmecken. Die Soße sollte herzhaft, aber etwas süßlich schmecken. Mit dem Salat vermischen.

Leonberger Radieschensalat

Menge	Zutaten	Preis
2 Bund	Radieschen	1,38 €
1 Prise	Salz	0,05 €
2 EL	Essig	0,01 €
1 Prise	Pfeffer	0,05 €
100 g	saure Sahne	0,15 €
5 EL	Speiseöl	0,25 €
	Summe	**1,89 €**

Zubereitung

Radieschen putzen und waschen. In sehr dünne Scheibchen schneiden und in eine Schüssel geben. Salzen, kühl stellen und kurz ziehen lassen. Essig, Salz, Pfeffer und die saure Sahne verrühren. Öl langsam hinzugießen und abschmecken. Über den Salat geben, vermengen und zugedeckt im Kühlschrank 15 Minuten ziehen lassen.

Serbischer bunter Salat

Menge	Zutaten	Preis
200 g	Tomaten	0,18 €
½ Stück	Eisbergsalat	0,25 €
150 g	Möhren	0,09 €
150 g	Paprika grün	0,30 €
150 g	Paprika rot	0,30 €
100 g	Zwiebeln	0,05 €
1 EL	Essig	0,01 €
6 EL	Speiseöl	0,30 €
50 g	Senf	0,09 €
1 Prise	Salz	0,05 €
1 Prise	Pfeffer	0,05 €
	Summe	**1,67 €**

Zubereitung

Tomaten waschen und in Würfel schneiden. Eisbergsalat in Streifen schneiden, waschen und abtropfen lassen. Möhren schälen und raspeln. Paprikaschoten waschen, entkernen und in Würfelchen schneiden. Zwiebel schälen und fein würfeln. Die übrigen Zutaten zu einer Soße verrühren. Eisbergsalat, Paprika und Zwiebeln vermischen und in die Mitte einer Salatplatte setzen. Darauf die Möhren anrichten und rundherum die Tomaten verteilen. Die Soße darübergeben.

Frischer gemischter Salat

Menge	Zutaten	Preis
500 g	Tomaten	0,45 €
1 Stück	Salatgurke	0,45 €
150 g	Zwiebeln	0,07 €
1 Dose	Mais (450 g)	0,59 €
1 Stück	Zitrone	0,25 €
5 EL	Speiseöl	0,25 €
1 Prise	Salz	0,05 €
1 Prise	Pfeffer	0,05 €
	Summe	**2,16 €**

Zubereitung

Tomaten waschen. Gurke schälen und beides und in kleine Würfel schneiden. Zwiebeln schälen und ebenfalls fein würfeln. Alles in einer Schüssel mit dem abgetropften Mais mischen. Saft der Zitrone mit Öl verrühren. Mit Salz und Pfeffer abschmecken und unter den Salat geben.

Marschachter Kohlrabisalat

Menge	Zutaten	Preis
300 g	Kohlrabi	0,17 €
1 Stück	Salatgurke	0,45 €
250 g	Tomaten	0,22 €
200 g	Crème fraîche	0,59 €
5 EL	Essig	0,02 €
½ Bund	Petersilie	0,30 €
1 Prise	Salz	0,05 €
1 Prise	Pfeffer	0,05 €
2 EL	Zitronensaft	0,05 €
	Summe	**1,90 €**

Zubereitung

Kohlrabi und Gurke schälen und in Stifte schneiden. Tomaten waschen und achteln. Alles vermischen. Die Crème fraîche, Essig und gehackte Petersilie verrühren. Mit Salz, Pfeffer und Zitronensaft abschmecken. Das Gemüse damit übergießen und kurz durchziehen lassen.

Feldsalat mit Tomaten und Senfdressing

Menge	Zutaten	Preis
150 g	Feldsalat	1,49 €
400 g	Tomaten	0,36 €
100 g	Zwiebeln	0,05 €
1 EL	Essig	0,01 €
5 EL	Speiseöl	0,25 €
30 g	Senf	0,05 €
1 Stück	Knoblauchzehe	0,07 €
1 Prise	Salz	0,05 €
1 Prise	Pfeffer	0,05 €
	Summe	**2,38 €**

Zubereitung

Feldsalat putzen und waschen. Tomaten waschen und vierteln. Zwiebel schälen und hacken. Alles vermischen. Für das Dressing Essig, Öl und Senf verschlagen. Mit zerdrücktem Knoblauch, Salz und Pfeffer abschmecken.

Möhren-Orangen-Salat

Menge	Zutaten	Preis
400 g	Möhren	0,24 €
2 Stück	Orangen	0,57 €
5 EL	Olivenöl	0,25 €
5 EL	Zitronensaft	0,12 €
1 Prise	Salz	0,05 €
1 Prise	Pfeffer	0,05 €
1 EL	Zucker	0,01 €
	Summe	**1,29 €**

Zubereitung

Möhren schälen und raspeln. Orangen mit einem scharfen Messer schälen und über einer kleinen Schüssel filetieren, um den Saft aufzufangen. Olivenöl, Zitronensaft und aufgefangenen Orangensaft verrühren, mit Salz, Pfeffer und Zucker nach Wunsch abschmecken. Orangenfilets unter die Möhren heben und das Dressing darübergeben.

Chinesischer bunter Salat

Menge	Zutaten	Preis
250 g	Chinakohl	0,40 €
1 Stück	Salatgurke	0,45 €
200 g	Paprika rot	0,40 €
5 EL	Speiseöl	0,25 €
2 EL	Zitronensaft	0,05 €
1 Stück	Knoblauchzehe	0,07 €
1 Prise	Salz	0,05 €
1 Prise	Pfeffer	0,05 €
	Summe	**1,72 €**

Zubereitung

Chinakohl waschen, putzen und in feine Streifen schneiden. Salatgurke schälen, entkernen und in dünne Scheiben schneiden. Paprika entkernen und in kleine Stücke schneiden. Öl und Zitronensaft verrühren. Knoblauchzehe gepresst dazugeben und mit Salz und Pfeffer abschmecken. Mit dem Gemüse mischen und etwa 15 Minuten durchziehen lassen.

Bunter Heide-Krautsalat

Menge	Zutaten	Preis
750 g	Weißkohl	0,74 €
½ Stück	Salatgurke	0,23 €
150 g	Paprika grün	0,30 €
150 g	Paprika rot	0,30 €
150 g	Äpfel	0,22 €
100 g	Möhren	0,06 €
1 Prise	Salz	0,05 €
1 Prise	Pfeffer	0,05 €
2 EL	Zitronensaft	0,05 €
2 EL	Zucker	0,02 €
20 g	getr. Dill-Kräuter	0,14 €
100 ml	Miracel Whip	0,38 €
	Summe	**2,54 €**

Zubereitung

Weißkohl fein hobeln. Gurke schälen, längs durchschneiden und in ca. 4 mm lange Stifte schneiden. Die Paprikaschoten und Äpfel waschen, entkernen und auch in Stifte schneiden. Möhren schälen und in Streifen schneiden. Alle Zutaten vermengen. Mit Salz, Pfeffer, Zitronensaft, Zucker, Dill-Kräutern und Miracel Whip abschmecken. Kann sofort serviert werden.

Nachspeisen

Zitronencreme

Menge	Zutaten	Preis
3 Blatt	Gelatine	0,33 €
3 Stück	Eier	0,38 €
2 Stück	Zitronen (unbehandelt)	0,50 €
6 EL	Zucker	0,06 €
200 g	Sahne	0,39 €
	Summe	**1,66 €**

Zubereitung

Gelatine in kaltem Wasser einweichen. Eier trennen. Schale von 1 Zitrone abreiben. Zucker mit dem Eigelb schaumig rühren, Zitronenschale und den Saft der Zitronen unterrühren. Etwas Wasser erhitzen und die ausgedrückte Gelatine darin auflösen. Gelatine und Eiermasse verrühren. Kalt stellen, bis die Creme fest wird (ca. ½ Stunde). Sahne und Eiweiß getrennt steif schlagen und vorsichtig unter die Eiermasse heben. Die Hälfte der Sahne aufheben und die Creme mit kleinen Häubchen verzieren. Bis zum Verzehr in den Kühlschrank stellen.

Ananas-Vanillepudding

Menge	Zutaten	Preis
½ l	Milch	0,35 €
2 Päckchen	Vanillezucker	0,16 €
1 Päckchen	Puddingpulver	0,06 €
1 Dose	Ananas (565 g)	0,59 €
200 g	Sahne	0,39 €
	Summe	**1,55 €**

Zubereitung

Aus Milch, Zucker und Puddingpulver nach Packungsanleitung einen Pudding kochen. Anschließend sofort die Ananasstücke mit Saft unterrühren. Nach dem Erkalten die steif geschlagene Sahne unterheben. Mit einigen Sahnetupfern garnieren und gut gekühlt servieren.

Mousse au chocolat

Menge	Zutaten	Preis
3 Stück	Eier	0,38 €
200 g	Sahne	0,39 €
50 g	Butter	0,17 €
200 g	Schokolade zartbitter	0,78 €
4 EL	Zucker	0,04 €
	Summe	**1,76 €**

Zubereitung

Eier trennen, Eiweiß und Sahne separat steif schlagen. Die Butter und Schokolade vorsichtig im Wasserbad schmelzen. Eigelb in einer großen Schüssel mit 2 EL heißem Wasser cremig schlagen. Den Zucker hinzufügen und rühren, bis die Masse hell und cremig ist. Die geschmolzene Schokolade unterheben, anschließend sofort Eischnee und Sahne mit einem Löffel unterziehen. Mindestens 2 Stunden im Kühlschrank kalt stellen.

Pfirsich-Himbeer-Mousse

Menge	Zutaten	Preis
3 Blatt	Gelatine	0,33 €
1 Dose	Pfirsiche (425 g)	0,75 €
3 Stück	Eier	0,38 €
60 g	Puderzucker	0,29 €
200 g	Sahne	0,39 €
200 g	Himbeeren (TK)	0,93 €
	Summe	**3,07 €**

Zubereitung

Gelatine in Wasser einweichen. Pfirsiche abtropfen lassen und fein pürieren. Eigelb und 40 g Puderzucker mit dem Mixer zu einer Creme aufschlagen, das Pfirsichpüree unterrühren. Gelatine tropfnass bei milder Hitze auflösen und unter die Creme rühren. Die Masse so lange kühl stellen, bis sie zu gelieren beginnt. Sahne steif schlagen und vorsichtig unterziehen. In 4 Gläser füllen und nochmals mindestens 2 Stunden kühlen. Himbeeren mit 20 g Puderzucker pürieren, durch ein Sieb streichen und vor dem Servieren über die Mousse gießen.

Masurische Apfelklöße

Menge	Zutaten	Preis
500 g	Äpfel	0,75 €
2 Stück	Eier	0,25 €
2 EL	Milch	0,01 €
1 Prise	Salz	0,05 €
5 EL	Mehl	0,03 €
2 EL	Zucker	0,02 €
1 TL	Zimt	0,12 €
50 g	Butter	0,17 €
	Summe	**1,40 €**

Zubereitung

Äpfel schälen, entkernen und klein schneiden. Eier, Milch, Salz und Mehl hinzufügen und alles gut miteinander vermischen. Wenn der Teig noch nicht fest genug ist, etwas Mehl dazugeben. Den Teig gut durchkneten, Klöße abstechen und in siedendem Wasser gar kochen. Zum Servieren die Klöße mit Zucker und Zimt bestreuen und mit zerlassener brauner Butter übergießen.

Zitronen-Bananen-Quark

Menge	Zutaten	Preis
250 g	Quark	0,43 €
200 g	Sahne	0,39 €
2 EL	Zucker	0,02 €
½ Stück	Zitrone (unbehandelt)	0,13 €
2 Stück	Bananen	0,26 €
	Summe	**1,23 €**

Zubereitung

Quark kurz verrühren. Sahne mit Zucker steif schlagen und unterheben. Die Zitronenschale darüberreiben und ca. 2 EL Zitronensaft einträufeln. Bananen in Scheiben schneiden und $^{2}/_{3}$ unterheben. Den gekühlten Zitronenquark mit den restlichen Bananenscheiben garniert servieren.

Giraffencreme „Serengeti“

Menge	Zutaten	Preis
1 Dose	Pfirsiche (425 g)	0,75 €
250 g	Quark	0,43 €
4 EL	Zucker	0,04 €
200 g	Sahne	0,39 €
1 Päckchen	Sahnesteif	0,14 €
50 g	Schokostreusel	0,32 €
	Summe	**2,07 €**

Zubereitung

Pfirsiche abtropfen lassen und den Saft auffangen. Eine Pfirsichhälfte in Spalten schneiden und zum Garnieren zurücklegen. Die übrigen Pfirsiche pürieren. Quark, Zucker und 2 EL Pfirsichsaft verrühren. Sahne mit Sahnesteif schlagen und unterheben. In Glasschälchen abwechselnd Creme und Pfirsichmasse schichten. Zum Schluss mit Schokostreuseln und Pfirsichspalten verzieren.

Oma Annis Milchreis

Menge	Zutaten	Preis
750 ml	Milch	0,52 €
200 g	Milchreis	0,80 €
1 Prise	Salz	0,05 €
45 g	Butter	0,16 €
4 EL	Zucker	0,04 €
1 TL	Zimt	0,12 €
	Summe	**1,69 €**

Zubereitung

Die Milch mit dem Reis und Salz unter ständigem Rühren aufkochen lassen und anschließend bei kleiner Flamme so lange garen, bis der Reis weich ist. Das Rühren ist wichtig, da dieses Gericht sehr leicht anbrennt. Butter in einer kleinen Pfanne zerlassen und braun werden lassen. Den fertigen Milchreis mit Zucker, Zimt und der braunen Butter anrichten.

Rote Grütze mit Schneehaube

Menge	Zutaten	Preis
200 g	Himbeeren (TK)	0,93 €
200 g	Brombeeren (TK)	0,93 €
6 EL	Zucker	0,06 €
2 ½ EL	Speisestärke	0,10 €
200 g	Sahne	0,39 €
	Summe	**2,41 €**

Zubereitung

Etwas Wasser zum Kochen bringen, Himbeeren und Brombeeren hinzufügen und 5 Minuten kochen lassen. Durch ein Sieb streichen und erneut zum Kochen bringen. Zucker hinzufügen, Speisestärke mit Wasser glatt rühren, dazugeben und unter Rühren einmal aufkochen lassen. Rote Grütze in eine mit Wasser ausgespülte Glasform füllen und einige Stunden kalt stellen. Sahne schlagen und dazu servieren.

Erdbeer-Quark-Mousse

Menge	Zutaten	Preis
3 Blatt	Gelatine	0,33 €
250 g	Quark	0,43 €
50 ml	Erdbeersirup	0,10 €
4 EL	Zucker	0,04 €
300 g	Erdbeeren	0,60 €
200 g	Sahne	0,39 €
50 g	Schokostreusel	0,32 €
	Summe	**2,21 €**

Zubereitung

Gelatine in kaltem Wasser einweichen. Quark, Erdbeersirup und Zucker verrühren. Erdbeeren putzen, waschen, trocken tupfen. 250 g Früchte pürieren und unter die Quarkmasse ziehen. Gelatine bei milder Temperatur auflösen, mit einem Schneebesen unter den Erdbeerquark geben. Sahne steif schlagen und unterheben. Erdbeer-Quark-Mousse in eine Form füllen und im Kühlschrank mehrere Stunden fest werden lassen. Creme mit den übrigen Erdbeeren und Schokostreuseln garnieren.

REZEPTVERZEICHNIS MIT KALORIENANGABEN

SEITE GERICHT KALORIEN PRO PERSON

STICHWORTREGISTER

AUFGEFÜHRT SIND DIE HAUPTZUTATEN FÜR MITTAGESSEN, SALATE, NACHSPEISEN.

PREISLISTE

PRODUKT	MENGE	EURO
Ananas (Dose)	565 g	0,59
Äpfel, 5 Stück	1000 g	1,49
Apfelmus	720 ml	0,99
Apfelsaft	1 l	0,89
Apfelschorle	1,5 l	0,45
Aprikosenmarmelade	450 g	0,89
Backobst/-pflaumen	250 g	1,69
Baguette	1 Stück	0,39
Bananen, ca. 6 Stück	1000 g	1,29
Bandnudeln gelb	250 g	1,25
Bandnudeln grün	250 g	1,25
Basilikum	50 g	0,79
Birnen, 6 Stück	1000 g	1,19
Blätterteig (TK)	450 g	0,99
Blumenkohl	1 Stück	0,99
Bohnen, grüne	850 ml	0,65
Bohnen, weiße (Dose)	720 ml	1,25
Brokkoli (TK)	1000 g	1,59
Brot sort., 10 Scheiben	500 g	0,65
Brötchen	1 Stück	0,17
Brühe, sort., 7 l (Instant)	140 g	0,59
Buchstabennudeln	500 g	1,39
Butter	250 g	0,87
Champignons (Dose)	300 ml	0,45
Chicken Wings (TK)	600 g	1,99
Chilipfeffer	30 g	0,89
Chilischoten	160 g	1,69
Chinakohl	1000 g	1,59
Cornflakes	1000 g	1,25
Crème fraîche	200 g	0,59
Currypulver	80 g	0,49
Eier (Bodenhaltung)	10 Stück	1,25
Eisbergsalat	1 Stück	0,49
Edamer, gerieben	200 g	1,19
Emmentaler, gerieben	200 g	1,19
Erbsen u. Möhren (Dose)	850 ml	0,79
Erdnussbutter	350 g	2,09
Essig	1 l	0,39
Feldsalat	100 g	0,99
Fetakäse	200 g	1,85
Fett	1000 g	1,49
Fischfilet (TK)	1000 g	3,39
Fischstäbchen (TK)	450 g	1,79
Fleischsalat	400 g	0,94
Fleischwurst	500 g	1,59
Frischkäse	200 g	0,66
Gelatine	6 Blatt	0,65
Gewürzgurken (Glas)	720 ml	0,65
Glasnudeln	100 g	1,39
Gouda am Stück	1000 g	5,49
Hackfleisch, gemischt	500 g	1,69
Hackfleisch vom Rind	500 g	2,25
Hähnchen (1 Stück)	1300 g	2,59
Hähnchenbrust	1000 g	4,99
Hefe (1 Würfel)	42 g	0,09
Heringssalat	400 g	0,94
Himbeeren (TK)	300 g	1,39
Honig	500 g	2,19
Joghurt	200 g	0,19
Kaffee	500 g	2,99
Kakaopulver	800 g	1,69
Kartoffeln	1000 g	0,48
Käse-Aufschnitt, sort.	1000 g	5,49
Kassler-Aufschnitt	100 g	1,29
Ketchup	450 ml	0,55
Kidneybohnen (Dose)	400 ml	0,99
Knoblauch, frisch	100 g	0,70
Kochschinken	100 g	0,65
Kohlrabi	500 g	0,29
Kopfsalat	1 Stück	0,79
Lachsschinken	100 g	1,19
Lorbeerblätter	50 g	1,69
Mais (Dose)	450 ml	0,59
Majoran	50 g	0,49
Makkaroni	500 g	0,69
Margarine	500 g	0,75
Marmelade, sort.	450 g	0,89
Meerrettich	200 g	1,79
Mehl	1000 g	0,52
Mettwürstchen (4 Stück)	300 g	1,59
Milch (Frisch-/H-Milch)	1 l	0,69
Mineralwasser	1,5 l	0,19
Miracel Whip	500 ml	1,89
Möhren	1000 g	0,59
Mozzarella	220 g	0,55
Muskat	50 g	0,49

Müsli	1000 g	1,25
Nudelteig (Kühlregal)	500 g	1,39
Nussnougatcreme	400 g	0,99
Orangen	6 Stück	1,70
Oregano	50 g	1,49
Paniermehl	1000 g	0,85
Paprika rot u. grün	500 g	0,99
Paprikapulver	50 g	0,49
Parmesan (1 Tüte)	56 g	1,19
Petersilie	1 Bund	0,59
Pfeffer	80 g	0,49
Pfirsiche (Dose)	850 ml	1,49
Pflaumenkompott	720 g	0,89
Pizzateig (Kühlregal)	400 g	1,39
Pommes frites (TK)	1000 g	0,89
Porree (8 Stangen)	1000 g	1,99
Pudding	200 g	0,19
Puddingpulver	5 Tüten	0,29
Puderzucker	250 g	1,19
Puten-Aufschnitt	100 g	0,99
Putenfleisch	1000 g	5,99
Quark, sortiert	250 g	0,43
Radieschen	1 Bund	0,69
Räucherlachs	200 g	2,79
Reis	1000 g	0,98
Rinderbraten	1000 g	6,99
Rindergulasch	1000 g	5,99
Rosenkohl	1000 g	0,99
Rosinen	250 g	0,49
Rosmarin	50 g	1,20
Rotkohl (Dose)	850 ml	0,49
Sahne	200 g	0,35
Salatgurke	1 Stück	0,45
Salz	500 g	0,19
Sauerkraut (Dose)	850 ml	0,49
Saure Sahne	200 g	0,29
Schinken	1000 g	6,49
Schmelzkäse	200 g	0,85
Schnittlauch	1 Bund	0,88
Schokolade zartbitter	100 g	0,39
Schokostreusel	200 g	1,29
Schupfnudeln	250 g	0,45
Schweinegulasch	500 g	2,49
Schweineschmalz	250 g	0,45
Schweineschnitzel	1000 g	4,99
Schweineschulter	1000 g	3,33
Senf	250 ml	0,45
Sojasoße	125 ml	1,48
Soßenbinder	250 g	1,49
Spaghetti	500 g	0,49
Speck, durchwachsener	300 g	1,29
Speck, fetter	300 g	0,90
Speiseöl	1 l	1,35
Speisestärke	250 g	0,99
Spiralnudeln	500 g	0,55
Steckrüben	1000 g	0,88
Suppengemüse (TK)	1000 g	1,39
Suppengrün	1 Bund	1,19
Tee	500 g	2,99
Tee, Früchte	500 g	2,95
Thunfisch (Dose)	195 g	0,99
Thüringer Mett	1000 g	4,99
Thymian	50 g	0,95
Toastbrot	1000 g	0,90
Tomaten (12 Stück)	1000 g	0,89
Tomaten, geschält	850 ml	0,55
Tomatenmark	200 g	0,55
Tortellini	500 g	1,49
Truthahn-Aufschnitt	100 g	0,83
Vanillezucker (1 Tüte)	8 g	0,08
Weißkohl	1000 g	0,99
Wiener Würstchen	1 Stück	0,50
Wirsingkohl	1000 g	1,00
Zimt	50 g	1,20
Zitrone	3 Stück	0,75
Zitronensaft	200 ml	0,49
Zucchini	1000 g	1,19
Zucker	1000 g	0,92
Zwetschgen	1000 g	1,99
Zwiebeln	1000 g	0,45

ALLE ANGABEN OHNE GEWÄHR
STAND: JANUAR 2010

„Eine Superidee"

Günther Jauch in sternTV

Abwechslungsreich kochen und gut essen ist auch mit wenig Geld möglich! Ausgehend vom Hartz-IV-Regelsatz, nach dem einem Erwachsenen pro Tag ca. 4,40 Euro für Essen und Trinken zur Verfügung stehen, haben die Autoren 75 Speisepläne mit Frühstück, Mittag- und Abendessen für zwei Personen zusammengestellt. Unkomplizierte Gerichte, mit frischen Zutaten zubereitet, garantieren eine ebenso gesunde wie schmackhafte Ernährung.

„Ein Speiseplan, bei dem die Krise nicht durch den Magen geht."
Bild am Sonntag

Uwe Glinka/Kurt Meier
Das Sparkochbuch
Günstig und ausgewogen ernähren nach dem Regelsatz Hartz IV

96 Seiten, 75 Rezepte
€ 8,95 [D]
ISBN 978-3-8025-3692-2